列国志
新版

刘丽坤 李 静
编著

MARSHALL ISLANDS

马绍尔群岛

社会科学文献出版社
SOCIAL SCIENCES ACADEMIC PRESS (CHINA)

马绍尔群岛国旗

马绍尔群岛国徽

夸贾林军事基地纪念碑

夸贾林发电厂

夸贾林岛上的教堂

马绍尔群岛发行的邮票

马绍尔群岛妇女

（太平洋岛国贸易与投资专员署　供图）

沉船潜水
（太平洋岛国贸易与投资专员署　供图）

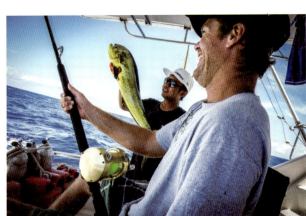

海钓
（太平洋岛国贸易与投资专员署　供图）

特色独木舟（太平洋岛国贸易与投资专员署　供图）

出版说明

　　《列国志》编撰出版工作自 1999 年正式启动，截至目前，已出版 144 卷，涵盖世界五大洲 163 个国家和国际组织，成为中国出版史上第一套百科全书式的大型国际知识参考书。该套丛书自出版以来，受到社会各界的广泛好评，被誉为"21 世纪的《海国图志》"，中国人了解外部世界的全景式"窗口"。

　　这项凝聚着近千学人、出版人心血与期盼的工程，前后历时十多年，作为此项工作的组织实施者，我们为这皇皇 144 卷《列国志》的出版深感欣慰。与此同时，我们也深刻认识到当今国际形势风云变幻，国家发展日新月异，人们了解世界各国最新动态的需要也更为迫切。鉴于此，为使《列国志》丛书能够不断补充最新资料，更好地服务于社会各界，我们决定启动新版《列国志》编撰出版工作。

　　与已出版的 144 卷《列国志》相比，新版《列国志》无论是形式还是内容都有新的调整。国际组织卷次将单独作为一个系列编撰出版，原来合并出版的国家将独立成书，而之前尚未出版的国家都将增补齐全。新版《列国志》的封面设计、版面设计更加新颖，力求带给读者更好的阅读享受。内容上的调整主要体现在数据的更新、最新情况的增补以及章节设置的变化等方面，目的在于进一步加强该套丛书将基础研究和应用对策研究相结合，将基础研究成果应用于实践的特色。例如，增加了各国有关资源开发、环境治理的内容；特设"社会"一章，介绍各国的国民生活情况、社会管理经验以及存在的社会问题，等等；增设"大事纪年"，方便读者在短时间内熟悉各国的发展线索；增设"索引"，便于读者根据人名、地名、关键词查找所需相关信息。

顺应时代发展的要求，新版《列国志》将以纸质书为基础，全面整合国别国际问题研究资源，构建列国志数据库。这是《列国志》在新时期发展的一个重大突破，由此形成的国别国际问题研究资讯平台，必将更好地服务于中央和地方政府部门应对日益繁杂的国际事务的决策需要，促进国别国际问题研究领域的学术交流，拓宽中国民众的国际视野。

新版《列国志》的编撰出版工作得到了各方的支持：国家主管部门高度重视，将其列入"'十二五'国家重点图书出版规划项目"；中国社会科学院将其列为创新工程学术出版资助项目，王伟光院长亲自担任编辑委员会主任，指导相关工作的开展；国内各高校和研究机构鼎力相助，国别国际问题研究领域的知名学者相继加入编辑委员会，提供优质的学术咨询与指导。相信在各方的通力合作之下，新版《列国志》必将更上一层楼，以崭新的面貌呈现给读者，在中国改革开放的新征程中更好地发挥其作为"知识向导"、"资政参考"和"文化桥梁"的作用！

新版《列国志》编辑委员会
2013 年 9 月

前　言

　　自 1840 年前后中国被迫开关、步入世界以来，对外国舆地政情的了解即应时而起。还在第一次鸦片战争期间，受林则徐之托，1842 年魏源编辑刊刻了近代中国首部介绍当时世界主要国家舆地政情的大型志书《海国图志》。林、魏之目的是为长期生活在闭关锁国之中、对外部世界知之甚少的国人"睁眼看世界"，提供一部基本的参考资料，尤其是让当时中国的各级统治者知道"天朝上国"之外的天地，学习西方的科学技术，"师夷之长技以制夷"。这部著作，在当时乃至其后相当长一段时间内，产生过巨大影响，对国人了解外部世界起到了积极的作用。

　　自那时起中国认识世界、融入世界的步伐就再也没有停止过。中华人民共和国成立以后，尤其是 1978 年改革开放以来，中国更以主动的自信自强的积极姿态，加速融入世界的步伐。与之相适应，不同时期先后出版过相当数量的不同层次的有关国际问题、列国政情、异域风俗等方面的著作，数量之多，可谓汗牛充栋。它们对时人了解外部世界起到了积极的作用。

　　当今世界，资本与现代科技正以前所未有的速度与广度在国际间流动和传播，"全球化"浪潮席卷世界各地，极大地影响着世界历史进程，对中国的发展也产生极其深刻的影响。面临不同以往的"大变局"，中国已经并将继续以更开放的姿态、更快的步伐全面步入世界，迎接时代的挑战。不同的是，我们所面临的已不是林则徐、魏源时代要不要"睁眼看世界"、要不要"开放"问题，而是在新的历史条件下，在新的世界发展大势下，如何更好地步入世界，如何在融入世界的进程中更好地维护民族国家的主权与独立，积极参与国际事务，为维护世界和平，促进世界与人类共同发展做出贡献。这就要求我们对外部世界有比以往更深切、全面的了解，我们只有更全面、更深入地了解世界，才能在更高的层次上融入世界，也才能在融入世界的进程中不迷失方向，保持自我。

与此时代要求相比，已有的种种有关介绍、论述各国史地政情的著述，无论就规模还是内容来看，已远远不能适应我们了解外部世界的要求。人们期盼有更新、更系统、更权威的著作问世。

中国社会科学院作为国家哲学社会科学的最高研究机构和国际问题综合研究中心，有11个专门研究国际问题和外国问题的研究所，学科门类齐全，研究力量雄厚，有能力也有责任担当这一重任。早在20世纪90年代初，中国社会科学院的领导和中国社会科学出版社就提出编撰"简明国际百科全书"的设想。1993年3月11日，时任中国社会科学院院长胡绳先生在科研局的一份报告上批示："我想，国际片各所可考虑出一套列国志，体例类似几年前出的《简明中国百科全书》，以一国（美、日、英、法等）或几个国家（北欧各国、印支各国）为一册，请考虑可行否。"

中国社会科学院科研局根据胡绳院长的批示，在调查研究的基础上，于1994年2月28日发出《关于编纂〈简明国际百科全书〉和〈列国志〉立项的通报》。《列国志》和《简明国际百科全书》一起被列为中国社会科学院重点项目。按照当时的计划，首先编写《简明国际百科全书》，待这一项目完成后，再着手编写《列国志》。

1998 年，率先完成《简明国际百科全书》有关卷编写任务的研究所开始了《列国志》的编写工作。随后，其他研究所也陆续启动这一项目。为了保证《列国志》这套大型丛书的高质量，科研局和社会科学文献出版社于 1999 年 1 月 27 日召开国际学科片各研究所及世界历史研究所负责人会议，讨论了这套大型丛书的编写大纲及基本要求。根据会议精神，科研局随后印发了《关于〈列国志〉编写工作有关事项的通知》，陆续为启动项目拨付研究经费。

为了加强对《列国志》项目编撰出版工作的组织协调，根据时任中国社会科学院院长李铁映同志的提议，2002 年 8 月，成立了由分管国际学科片的陈佳贵副院长为主任的《列国志》编辑委员会。编委会成员包括国际片各研究所、科研局、研究生院及社会科学文献出版社等部门的主要领导及有关同志。科研局和社会科学文献出版社组成《列国志》项目工作组，社会科学文献出版社成立了《列国志》工作室。同年，《列国志》项目被批准为中国社会科学院重大课题，新闻出版总署将《列国志》项目列入国家重点图书出版计划。

在《列国志》编辑委员会的领导下，《列国志》各承担单位尤其是各位学者加快了编撰进度。作为一项大型研究项目和大型丛书，编委会对《列国志》提出的基本要求是：资料翔实、准确、最新，文笔流畅，学术性和可读性兼备。《列国志》之所以强调学术性，是因为这套丛书不是一般的"手册""概览"，而是在尽可能吸收前人成果的基础上，体现专家学者们的

研究所得和个人见解。正因为如此，《列国志》在强调基本要求的同时，本着文责自负的原则，没有对各卷的具体内容及学术观点强行统一。应当指出，参加这一浩繁工程的，除了中国社会科学院的专业科研人员以外，还有院外的一些在该领域颇有研究的专家学者。

现在凝聚着数百位专家学者心血，共计 141 卷，涵盖了当今世界 151 个国家和地区以及数十个主要国际组织的《列国志》丛书，将陆续出版与广大读者见面。我们希望这样一套大型丛书，能为各级干部了解、认识当代世界各国及主要国际组织的情况，了解世界发展趋势，把握时代发展脉络，提供有益的帮助；希望它能成为我国外交外事工作者、国际经贸企业及日渐增多的广大出国公民和旅游者走向世界的忠实"向导"，引领其步入更广阔的世界；希望它在帮助中国人民认识世界的同时，也能够架起世界各国人民认识中国的一座"桥梁"，一座中国走向世界、世界走向中国的"桥梁"。

《列国志》编辑委员会
2003 年 6 月

序

于洪君[*]

　　太平洋岛国地处太平洋深处，主要指分布在大洋洲除澳大利亚和新西兰以外的 20 余个国家和地区。太平洋岛国历史悠久，早在公元前 8000 年前就有人类居住。在近代西方入侵之前，太平洋岛国大多处于原始社会时期。随着西方殖民者不断入侵，太平洋岛国相继沦为殖民地。二战结束后，这一区域主要实行托管制，非殖民化运动在各国随即展开。从 1962 年萨摩亚独立至今，该地区已有 14 个国家获得独立，分别是萨摩亚、库克群岛、瑙鲁、汤加、斐济、纽埃、巴布亚新几内亚、所罗门群岛、图瓦卢、基里巴斯、瓦努阿图、马绍尔群岛、密克罗尼西亚联邦和帕劳。

　　太平洋岛国所在区域战略位置重要。西北与东南亚相邻，西连澳大利亚，东靠美洲，向南越过新西兰与南极大陆相望。该区域还连接着太平洋和印度洋，扼守美洲至亚洲的太平洋运输线，占据北半球通往南半球乃至南极的国际海运航线，是东西、南北两大战略通道的交会处。不仅如此，太平洋岛国和地区还拥有 2000 多万平方公里的海洋专属区，海洋资源与矿产资源丰富，盛产铜、镍、

---

* 原中国驻乌兹别克斯坦大使、原中共中央对外联络部副部长、全国政协外事委员会委员、中国人民争取和平与裁军协会副会长、聊城大学太平洋岛国研究中心名誉主任。

金、铝矾土、铬等金属和稀土，海底蕴藏着丰富的天然气和石油。近年来，该区域已成为世界各大国和新兴国家战略博弈的竞技场。

太平洋岛国也是21世纪海上丝绸之路的自然延伸和亚太一体化的重要组成部分。中国同太平洋岛国的传统友谊和文化交往源远流长，早在19世纪中期就有华人远涉重洋移居太平洋岛国，参与了这一地区的开发。近年来，中国与太平洋岛国的合作日渐加强，在政治、经济、文化、教育等领域都取得丰硕成果。目前，中国在南太平洋地区拥有最大规模的外交使团。同时，中国在经济上也成为该地区继澳大利亚和美国之后的第三大援助国，并设立了"中国－太平洋岛国论坛""中国－太平洋岛国经济发展合作论坛"等对话沟通平台。2014年11月，中国国家主席习近平在斐济与太平洋建交岛国领导人举行集体会晤，与会领导人一致决定构建相互尊重、共同发展的战略合作伙伴关系，携手共筑命运共同体，为中国与太平洋岛国关系掀开历史新篇章。

由于太平洋岛国地小人稀，且长期远离国际冲突热点，处于世界事务的边缘，因而在相当长一段时期被视为"太平洋最偏僻的地区"。中国的地区国别研究长时期以来主要聚焦于近邻国家，加之资料有限，人才不足，信息沟通偏弱，对太平洋岛国关注度较低，因此国内学界对此区域总体上了解不多，研究成果比较匮乏。而美、英、澳、新等西方学者因涉足较早，涉猎较广，且有充足的资金与先进的手段作支撑，取得了不菲的成果，但这些成果多出于西方国家的全球战略及本国利益的需要，其立场与观点均带有浓厚的西方色彩，难以完全为我所用。

近年来，随着中国融入世界的步伐不断加快，国际地位显著提高，中国在全球的利益分布日趋广泛。与越来越多的国家和地区进行友好交往并扩大互利合作，是日渐崛起的中国进一步参与全球化进程，开展中国特色大国外交的客观要求，也是包括太平洋岛国在内的国际社会对中国的殷切期待。更全面更深入的地区研究，必将为中国进一步发挥国际影响力，大步走向世界舞台中心提供强有力的支持。2011 年 11 月，教育部向各高校下发《关于培育区域和国别以及国际教育研究基地的通知》和《高等学校哲学社会科学"走出去"计划》，希望建设一批既具有专业优势又能产生重要影响的智囊团和思想库。中共中央政治局委员、国务院副总理刘延东也多次提及国别研究立项和"民间智库"问题，鼓励有条件的大学新设国别研究机构。

在这种形势下，聊城大学审时度势，结合国家战略急需、区域经济社会发展需求及自身条件，在历史文化与旅游学院"南太平洋岛国研究所"的基础上，整合世界史、外国语、国际政治等全校相关学科资源，于 2012 年 9 月成立了"聊城大学太平洋岛国研究中心"。中心聘请中国现代国际关系研究院副院长、中央电视台国际问题顾问、博士生导师李绍先研究员等为兼职教授。著名世界史学家、国家级教学名师王玮教授担任中心首席专家。密克罗尼西亚联邦驻华大使苏赛亚等多位太平洋岛国驻华外交官被聘为中心荣誉学术顾问。在有关各方的大力支持下，中心以太平洋岛国历史与社会形态、对外关系、政情政制、经贸旅游等为研究重点，致力于打造太平洋岛国研究领域具有专业优势和重要影响的国家智库，力图为加强国家和地方与太平洋岛国进行政治、经济、社会、文化等领域的交流与合作，为增进中国和太平洋岛国人民之间的了解和友谊提供智力支撑和学术支持，为国内的太平洋岛国研究提供学术交流与互动的平台。

中心建立以来，已取得一系列可喜成绩。目前中心已建成国内最齐全、数量达 3000 余册的太平洋岛国研究资料中心和数据库，并创建国内首个以太平洋岛国研究为主题的学术网站及微信公众号；定期编印《太平洋岛国研究通讯》，并向国家有关部门提交研究报告；在研省部级以上课题 8 项。2014 年，中心成功举办了国内首届"太平洋岛国研究高层论坛"，该论坛被评为"山东社科论坛十佳研讨会"，与会学者提交的 20 余篇优秀论文被辑为《太平洋岛国的历史与现实》，由山东大学出版社于 2014 年 12 月正式出版。《太平洋学报》2014 年第 11 期刊载了中心研究人员的 12 篇学术论文，澳大利亚《太平洋历史杂志》（*The Journal of Pacific History*）对中心学者及其研究成果进行了介绍。这表明，太平洋岛国研究中心的研究开始引起国内外学术界的关注。

中心成立伊始，负责人陈德正教授就提出了编撰太平洋岛国丛书的设想，并组织了编撰队伍，由吕桂霞教授拟定了编撰体例，李增洪教授、王作成博士等也做了不少编务工作。在丛书编撰过程中，适逢社会科学文献出版社承担的中国社会科学院创新工程学术出版资助项目、"十二五"国家重点图书出版规划项目——新版《列国志》编撰出版工作启动。考虑到《列国志》丛书所拥有的品牌影响力和社会美誉度，研究中心积极申请参与新版《列国志》编撰出版工作。在社会科学文献出版社谢寿光社长、人文分社宋月华社长的大力支持下，中心人员编撰的太平洋岛国诸卷得以列入新版《列国志》丛书，这给中心以极大的鼓舞和激励。为了使中心人员编撰的太平洋岛国诸卷更加符合新版《列国志》的编撰要求，人文分社总编辑张晓莉女士在编撰体例调整方面给予了诸多帮助。在此一并致谢。

　　因其特殊的地缘特征，太平洋岛国战略价值的重要性毋庸置疑，同时，在中国建设 21 世纪海上丝绸之路的过程中，作为中国大周边外交格局一分子的太平洋岛国的重要性也不言而喻。新版《列国志》太平洋岛国诸卷的出版，不仅可填补国内在太平洋岛国研究领域的空白，同时也为我国涉外机构、高等院校、科研机构及出境旅行人员提供一套学术性、知识性、实用性、普及性兼顾的有关太平洋岛国的图书。一书在手，即可明了对国人而言充满神秘色彩的太平洋诸岛国的历史、民族、宗教、政治、经济以及外交等基本情况。聊城大学太平洋岛国研究中心也将以新版《列国志》太平洋岛国诸卷的出版为契机，将太平洋岛国研究逐步推向深入。

CONTENTS

目 录

CONTENTS

目 录

CONTENTS

目 录

CONTENTS
目 录

CONTENTS

目 录

CONTENTS
目 录

第一章

概　览

早在 4000 年前，马绍尔群岛就已经有人居住。据考证，最初的马绍尔人是来自菲律宾和印度尼西亚的移民，他们乘坐独木舟穿越美拉尼西亚抵达马绍尔群岛。此后，马绍尔人长期处于与世隔绝的状态，直到 1788 年英国航海家约翰·马绍尔船长造访马绍尔群岛。

19 世纪 80 年代，马绍尔群岛成为德国的保护国。日本在第一次世界大战期间占领了马绍尔群岛，美国在第二次世界大战期间从日本手中夺取了马绍尔群岛，并在 1947 年与联合国安理会达成协议，对马绍尔群岛实行托管。根据美马签署的《自由联系条约》，马绍尔群岛共和国在 1986 年获得独立。1991 年，马绍尔群岛共和国加入联合国。

第一节　国土与人口

一　地理位置

马绍尔群岛共和国是西太平洋中部景色旖旎的"微型群岛国家"，南邻赤道，东靠国际日期变更线。从地理上来看，马绍尔群岛是密克罗尼西亚的一部分，位于密克罗尼西亚的东端，其北方为威克岛（美），东南方是基里巴斯，南方为瑙鲁，西方为密克罗尼西亚联邦。马绍尔群岛位于夏威夷西南约 3200 千米、关岛东南约 2100 千米处，介于北纬 4°～14°、东经 164°～173°之间。马绍尔群岛的军事地理位置十分重要，美国在该国建有军事基地、弹道导弹试验基地及相应的军事科研中心，这里是美军太平洋防御体系的重要支点，也是南太平洋的战略要地，日本与美国曾于二战期间为争夺马绍尔群岛而激战。

马绍尔群岛是以英国船长约翰·马绍尔（John Marshall）的名字命名的。1788 年，英国船长约翰·马绍尔曾到此勘察。英语 Marshall Islands 按读音应翻译为"马歇尔群岛"，此船长与曾到中国调停内战的特使乔治·马歇尔属同姓本家，但由于汉译名混乱致使一姓两译。虽然汉译名"马绍尔群岛"翻译得并不准确，但由于该译名已经广为流传，无奈之下只得作为惯用译名予以采用。[①]

二 国土面积

马绍尔群岛全称马绍尔群岛共和国（Republic of the Marshall Islands），国土面积为 181 平方千米[②]，由 29 个环礁岛群和 5 个小岛共 1225 个大小岛屿组成。岛群均为珊瑚岛，且分为两部分，分布在东南面的为日出群岛即拉塔克群岛，在西北面的为日落群岛即拉利克群岛，二者中间相隔约 200 千米。一千二百多个大小岛礁分布在 200 多万平方千米的海域上，形成西北—东南走向的两列链状

---

① 周定国：《马绍尔群岛共和国剪影》，《海洋世界》1997 年第 5 期，第 10～11 页。

② Marshall Islands, http://www.rmiembassyus.org/Geography.html.

岛群。马绍尔群岛主要岛礁有 34 个，其中 10 个岛礁无人居住，所有的环礁均为低洼环礁。其中最著名的是贾卢伊特环礁，它由 90 多个珊瑚礁小岛构成一个椭圆形的环礁，南北长 80 千米，东西最宽约 20 千米，环礁上建有贾卢伊特自然保护区。

三　地形与气候

马绍尔群岛为珊瑚岛礁，其环礁为环形或马蹄形，以玄武岩质海底火山为基座，由珊瑚碎屑、沙子及腐殖土构成，且拥围着封闭或半封闭的礁湖或潟湖。大约 4000 年前，海平面的相对下降使礁坪能够积沙和生长植被，马绍尔群岛的岛礁自此开始逐渐形成。马绍尔群岛的平均海拔仅为 2 米，陆地面积小，且极易遭受热带风暴的侵袭。近年来，全球气候变暖以及西太平洋地区海平面的急剧上升使马绍尔群岛遭受巨大威胁。马绍尔群岛地势低洼，所有岛礁海拔较低，且极其狭窄。马绍尔群岛的许多地方，一面朝向大海，另一面朝向潟湖。马绍尔群岛没有山脉河流，土壤贫瘠，除了几种主要粮食作物如面包果树、椰子和芋头等，几乎没有其他植被。

马绍尔群岛属热带海洋性气候，终年湿热，年平均气温为 27℃，上下波动很小，这是当地气候最主要的特征。夜间虽然相对较冷，但有时夜间的实际温度比白天最低平均气温还要高 2℃ ~ 4℃，这是因为白天阵雨过后气温会下降。马绍尔群岛和太平洋其他地区一样以多云天气为主，天空中积状云最多，同时还伴有高积云和卷状云。有时会出现飓风。在 3 ~ 4 月、10 ~ 11 月，东风波带来的小型暴风天气比较常见。马绍尔群岛不同地区的降雨量差异很大。南部各岛年降雨量在 3000 毫米左右，北部各岛则干旱少雨。

在马绍尔群岛，很少下小雨，一般都下大到暴雨，月平均降雨量为380毫米，5～11月为雨季，12月至来年4月为旱季。

四　行政区划

马绍尔群岛共和国宪法规定，每个有人居住的环礁或不属于环礁的岛屿上的人民均有获得地方政府管辖的权利。地方政府可以在其有管辖权的区域制定法令。[①]

由于国土狭小，马绍尔群岛未正式划分行政区。但为了便于管理，马绍尔群岛在行政上将全国划分为市和村。市由选举产生的地方行政官和地方议会管理，市下设村，村由传统的村政府管辖。马绍尔群岛全国共有24个市，由此构成24个市政区域，分别对应有人居住的24个岛礁，[②] 同时，这24个市政区域也是马绍尔群岛的24个立法选区，因此，人们常以岛礁为单位来划分马绍尔群岛的行政区。

1. 马朱罗环礁

马朱罗环礁位于火奴鲁鲁（檀香山）西南3658千米处，由64个岛礁组成，陆地总面积近10平方千米，是马绍尔群岛的经济中心和首都——马朱罗的所在地。马朱罗环礁拥有港口、商业设施和国际机场，其大部分岛礁由一条长56千米的公路连接，使马朱罗环礁实际上成为一个狭长的岛屿。部分岛礁至今依然保留着浓郁的密克罗尼西亚传统风情，环礁内面积近300平方千米的潟湖适宜独

---

① 孙谦、韩大元：《地方制度：世界各国宪法的规定》，中国检察出版社，2013，第492页。

② CIA, The World Factbook, https://www.cia.gov/library/publications/resources/the - world - factbook/geos/rm.html.

木舟航行。马朱罗人口约 3 万人（2008 年），占全国总人口的一半以上，是全国最大的城市。政府机构设在环礁东端由相邻的代拉普岛（Delap）、乌利加岛（Uliga）和迪加瑞岛（Djarrit）三个岛组成的 DUD 社区，DUD 社区集中了环礁 80% 的人口及大部分商业和文化设施，有椰子加工厂、博物馆和马绍尔群岛学院。环礁上设有阿马塔·卡布阿国际机场，有往来于火奴鲁鲁等地的定期航班。

2. 夸贾林环礁

夸贾林环礁属于拉利克群岛，由 97 个岛礁组成，陆地面积为 16.4 平方千米，其所围拢的潟湖是世界上最大的盐水湖之一。夸贾林环礁包含三个主要的有人居住的岛屿：夸贾林岛、埃贝耶岛以及梅贾托岛。夸贾林岛是夸贾林环礁最大的岛屿，位于夸贾林环礁最南端，岛上居民约为 1000 人，大部分为美国人，还有少数马绍尔人和其他外国人，他们在夸贾林岛居住需要得到美国军方的明确许可。[①] 埃贝耶岛是夸贾林环礁中人口最密集的岛屿，同时也是全国的文化中心。据 2011 年人口普查数据，埃贝耶岛居民总数为 9614 人[②]，大部分为马绍尔人，另有少数布拉沃城堡核试验的受害者及受害者后裔，许多居民生活贫困。埃贝耶岛上有商店、旅馆及港口设施。同时，它也是夸贾林地方政府的驻地和夸贾林环礁的行政中心。梅贾托岛的居民主要是布拉沃城堡核试验的受害者及受害者后裔。由于受到布拉沃城堡核试验放射性尘埃的影响，绿色和平组织于 1985 年将朗格拉普环礁居民疏散到梅贾托岛。

3. 奥尔环礁

奥尔环礁是由 42 个小岛屿组成的珊瑚礁，属于拉塔克群岛，

---

① Kwajalein Atoll, https：//en. wikipedia. org/wiki/Kwajalein_ Atoll.

② Kwajalein Atoll, http：//www. infomarshallislands. com/atolls - a - l/kwajalein - atoll/.

位于马洛埃拉普环礁南方，陆地面积为5.62平方千米。截至2011年，共有499名居民，主要分布在塔巴尔岛和奥尔岛上，其他岛屿大都无人居住。奥尔环礁上人们的生活相当传统，男子擅长制作船只模型和巨大的墙帷，女人则精通手工艺品制作，当地居民常把他们制作的手工艺品卖往马朱罗。环礁上建有教堂和学校。奥尔环礁上设有奥尔岛机场，每周有三个航班往返马朱罗。

4. 阿尔诺环礁

阿尔诺环礁是马绍尔群岛的一个主要环礁，属于拉塔克群岛，距马朱罗东部15千米。它由上百个小岛屿组成，这些岛屿环绕着三个潟湖，其中一个潟湖面积达240平方千米，是极好的潜水场所。阿尔诺环礁的陆地面积为13平方千米，阿尔诺环礁盛产椰子。截至2011年，环礁有居民1794人，是马绍尔群岛人口较多的环礁之一。环礁上有两条飞机跑道。

5. 艾卢克环礁

艾卢克环礁属于拉塔克群岛，位于沃杰环礁北72千米处，是一个小型环礁，由57个小岛组成，这些小岛几乎全位于环礁的东部。艾卢克环礁陆地面积为5.4平方千米。艾卢克环礁西部和南部边缘是由近乎连续的暗礁组成的，但大部分被海水淹没了。环礁上还有一个被礁石围起来的潟湖，面积达177平方千米。截至2011年，艾卢克环礁有居民339人，独木舟是居民的传统交通工具，因为这一特点，现在艾卢克环礁已成为国际游艇爱好者的旅游胜地。

6. 利基普环礁

利基普环礁属于拉塔克群岛，由65个岛礁组成，陆地总面积为10.26平方千米，它所环绕的中央湖泊面积达424平方千米。大约 1 个世纪之前，德国人阿道夫·卡佩勒与葡萄牙人安东·迪布伦共同出资向马绍尔群岛酋长购买了利基普环礁的所有权，现在他们的后人仍然拥有这个环礁的所有权。截至 2011 年，环礁上共有居民 401 人。

7. 基利岛

基利岛属于拉利克群岛，位于贾卢伊特环礁西南 48 千米处，陆地总面积为 0.93 平方千米，是马绍尔群岛较小的岛屿之一。截至 2011 年，岛上居民总人数为 548 人，且大部分为比基尼环礁移民的后代。基利岛没有潟湖或珊瑚礁，岛上建有机场。主要农产品是椰干、柠檬、面包果、南瓜、香蕉、木瓜和甘蔗。岛上有一个小农场，种植西瓜和一些蔬菜。岛上有几个小商店，有水产冷冻设施，有制盐以及生产辣椒酱、糖果、罐头等的企业，还有两个基督教教堂。近年来，由于全球气候变暖以及海平面上升，基利岛频遭洪灾，机场跑道时常被淹没。

8. 埃内韦塔克环礁

埃内韦塔克环礁是由 40 个岛屿组成的环状大珊瑚礁，是拉利克群岛的一部分，位于比基尼环礁以西 305 千米处，陆地总面积为 5.85 平方千米，其所环绕的中央湖泊直径为 80 千米。1947 年，美国政府宣布在埃内韦塔克环礁进行核试验，并将环礁上的 147 名居民疏散到乌杰朗环礁。在 1948～1958 年，美国在埃内韦塔克环礁进行了 43 次核试验，该环礁受到严重的核污染。1952 年，美国在该环礁进行了世界上首次氢弹试验，被引爆的 82 吨重核装置产生了约 10.4 兆吨的爆炸当量，几乎相当于投放在日本长崎的原子弹威力的 500 倍。伊鲁吉拉伯岛被夷为平地，产生了一个宽 1.9 千米、深 50 米的大坑。1976 年，美国国会向国防部核武器局拨款 1100 万美元，用于清除埃内韦塔克环礁的核污染，并于 1980 年宣布核污染已被清除，原被疏散的居民可以回迁。同年，542 名居民从乌杰朗环礁回迁埃内韦塔克环礁，截至 2011 年，共有居民 664 人。

9. 埃邦环礁

埃邦环礁是由 22 个岛屿组成的珊瑚礁，属于拉利克群岛，位于贾卢伊特环礁以南 155 千米处，是马绍尔群岛最南端的领土。陆地总面积为 5.75 平方千米，拥围着面积达 104 平方千米的潟湖。埃邦环礁是美国传教士 1857 年登陆马绍尔群岛的地点，也是他们在马绍尔群岛的第一个定居点。埃邦环礁终年郁郁葱葱。1994 年，埃邦环礁上修建了飞机跑道，建立了与外界的联系。截至 2011 年，环礁上有居民 706 人。

10. 莱环礁

莱环礁属于拉利克群岛，位于乌贾环礁以东 47 千米处，由 20 个岛屿组成，陆地总面积仅为 1.5 平方千米，环礁中央的潟湖面积则达 17.7 平方千米。"Lae"（莱）在马绍尔语中意为"平静之水"。截至 2011 年，共有居民 347 人，当地居民依靠马绍尔群岛航空公司的航班、马绍尔群岛客轮以及高频电台与外界保持联系。

11. 朗格拉普环礁

朗格拉普环礁是由 61 个岛屿组成的珊瑚礁，属于拉利克群岛，陆地总面积为 21 平方千米，中央潟湖面积达 2600 平方千米。截至 2011 年，居民总人口为 79 人。

12. 乌蒂里克环礁

乌蒂里克环礁是由 10 个岛屿组成的环礁，属于拉塔克群岛，陆地总面积为 2.4 平方千米，中央潟湖面积达 22.29 平方千米。乌蒂里克环礁是马绍尔群岛最北部的永久定居点之一，截至 2011 年，居民总人口为 435 人。

13. 沃杰环礁

沃杰环礁位于夸贾林环礁东北 240 千米处，由 75 个小岛屿组成，属于拉塔克群岛，陆地面积为 8.33 平方千米，中央潟湖面积达 624 平方千米。在二战期间，沃杰环礁是日本的军事基地，日本曾把其本土土壤移到环礁上，以改造其贫瘠的土壤并发展农业。沃杰环礁被誉为"花园之岛"，环境优美，风景秀丽。沃杰环礁上建有教堂、学校、商店、旅馆和发电站等设施。截至 2011 年，居民总人口为 859 人。

14. 梅吉特岛

梅吉特岛属于拉塔克群岛，位于沃杰环礁东北 110 千米处，由岩石而非珊瑚礁构成，岛上建有机场，陆地面积为 1.86 平方千米。截至 2011 年，居民总人口为 348 人。

15. 纳莫里克环礁

纳莫里克环礁是由 2 个岛屿组成的珊瑚环礁，属于拉利克群岛，位于埃邦环礁西北 117 千米处，陆地总面积仅 2.8 平方千米，中央潟湖面积达 8.4 平方千米。截至 2011 年，居民总人口为 508 人。

16. 纳穆环礁

纳穆环礁是由 54 个岛屿组成的珊瑚环礁，属于拉利克群岛，陆地总面积为 6.27 平方千米，中央潟湖面积达 397 平方千米。截至 2011 年，居民总数为 790 人。

17. 米利环礁

米利环礁是由 92 个岛屿组成的珊瑚环礁，属于拉塔克群岛，位于阿尔诺环礁东南 78 千米处，陆地总面积为 14.9 平方千米，为马绍尔群岛第二大环礁，中央潟湖面积 760 平方千米。在二战期间，米利环礁是日本的主要军事基地，当地人民曾发起反对日本殖民统治的起义，但遭到日本当局的血腥镇压。现在米利环礁仍保留着很多战争遗物，包括水下沉船、零式战机、碉堡、机关炮等，现已成为重要的旅游地。岛上建有机场、旅馆。截至 2011 年，共有居民 738 人。

18. 乌贾环礁

乌贾环礁是由 15 个岛屿组成的珊瑚环礁，属于拉利克群岛，位于夸贾林环礁以西约 122 千米处，陆地总面积 1.86 平方千米，中央潟湖面积 185.94 平方千米。截至 2011 年，有居民 364 人。

19. 马洛埃拉普环礁

马洛埃拉普环礁是由 71 个岛屿组成的珊瑚环礁，属于拉塔克群岛，位于奥尔环礁以北 18 千米处，陆地总面积 9.8 平方千米，中央潟湖面积 972 平方千米。截至 2011 年，居民总人口为 682 人。在二战期间，马洛埃拉普环礁是日本在太平洋最东端的军事堡垒，现今仍有很多战争遗物，如碉堡、机关枪、炸弹等。塔洛亚村有一座三层建筑，在二战期间曾是日本的电台大楼，现已被改造为教堂。在村旁有一座飞机墓地，陈列着 12 架二战期间日本的战斗机和轰炸机。塔洛亚村现为马洛埃拉普环礁的行政中心。环礁上设有机场，由马绍尔群岛航空公司运营，每周有往返马朱罗与塔洛亚的航班。机场附近有一座简易宾馆，供旅客居住。

20. 贾卢伊特环礁

贾卢伊特环礁是由 91 个岛屿组成的珊瑚环礁，属于拉利克群岛，位于马朱罗环礁西南约 220 千米处，陆地总面积为 11.34 平方千米，中央潟湖面积为 690 平方千米。1878 年，德国人在贾卢伊特环礁设立商贸站。在 1885 年德国正式吞并马绍尔群岛后，贾卢伊特环礁成为德国殖民当局的驻地。1914 年，贾卢伊特环礁成为日本殖民当局的行政中心。日本曾从科斯雷岛和波纳佩岛移来数吨土壤，在此开辟菜园。现在环礁上出产香蕉和面包果，出口海贝、椰干和手工艺品。环礁上建有学校、机场和码头。战后主要居民点为贾博尔。截至 2011 年，居民总人口为 1788 人。

21. 艾林拉帕拉普环礁

艾林拉帕拉普环礁是由 56 个岛屿组成的珊瑚环礁，位于马朱罗环礁西北 152 千米处，陆地总面积为 14.7 平方千米，中央潟湖面积为 750 平方千米。艾林拉帕拉普环礁是马绍尔群岛主要的椰干产地，环礁上建有机场，由马绍尔群岛航空公司运营。"艾林拉帕拉普"在马绍尔语中意为"最伟大的环礁"。艾林拉帕拉普环礁是马绍尔群岛的古都和拉利克群岛最高酋长的驻地。截至 2011 年，共有居民 1729 人。

22. 利布岛

利布岛是属于拉利克群岛的一座岛屿，陆地总面积仅 0.93 平方千米。截至 2011 年，共有居民 155 人。

23. 贾布沃特岛

贾布沃特岛是属于拉利克群岛的一座岩石岛屿，陆地总面积仅 0.6 平方千米。截至 2011 年，共有居民 84 人。马绍尔群岛的首位平民总统凯塞·诺特出生于该岛。

24. 沃托环礁

沃托环礁是由 13 个小岛组成的珊瑚礁，属于拉利克群岛，陆地总面积仅 4.33 平方千米，中央潟湖面积达 94.92 平方千米。截至 2011 年，共有居民 97 人。

五　人口、民族、语言

1. 人口

马绍尔群岛的人口结构相对单一，据 2006 年统计，绝大多数岛民为马绍尔人，占总人口的 92.1%，混血马绍尔人占 5.9%，其他占 2% 的少数群体则为科斯雷人（Kosrae）、菲律宾人、美国人、华人及其他太平洋岛国人。

自 1980 年开始，马绍尔群岛的人口数量持续增长，该国地少人多，人口密度较大。马绍尔群岛经济政策规划与统计办公室曾于 2011 年对全国人口与住宅进行普查，统计资料显示 2011 年马绍尔群岛全国总人口为 53158 人。全国约 75% 的人口集中于马朱罗与埃贝耶，其余人口居住于较偏远的其他岛礁上，亦即外岛。

马绍尔群岛 2011 年人口普查表明，马朱罗环礁、夸贾林环礁与贾卢伊特环礁的人口有所增加，而其他环礁的人口有所下降，这主要归因于外岛居民的外迁。经济结构的变化及就业机会的缺乏迫使外岛居民外迁谋生。2000～2003 年，美国国防部对夸贾林环礁军事基地的驻军进行大幅度裁员，由此导致夸贾林环礁与马朱罗环礁居民大规模外迁。据美国运输部统计，1990～2004 年，外迁至美国的马绍尔人要比回迁马绍尔群岛的人大约多 13000 人。据马绍尔群岛经济政策规划与统计办公室估计，大约有 15000 名马绍尔人居住于美国，占马绍尔群岛总人口的近 1/3。虽然外迁人口没有使马绍尔群岛的常住人口出现整体下降，但使该国每年的人口增长率大幅度下降。2004～2011 年，马绍尔群岛每年人口净增长在 1396 人至 1630 人之间，但是，外迁人口的数量要大于回迁马绍尔群岛的居民或新增移民的数量。

2. 民族

马绍尔人为密克罗尼西亚人的一支，属印度尼西亚人、美拉尼西亚人和波利尼西亚人的混合类型。土著密克罗尼西亚人有30多万人，散居在赤道以北的马里亚纳群岛、加罗林群岛、马绍尔群岛、帕琉群岛及横跨赤道的吉尔伯特群岛。密克罗尼西亚人散居的区域，西面为菲律宾和印度尼西亚，南面是美拉尼西亚，东面是波利尼西亚，密克罗尼西亚处于三者的交叉地带。因此，密克罗尼西亚人多为混合人种，西部与马来人相近；越往东则越接近波利尼西亚类型，直发或波状发，高个子，浅褐色皮肤；越往南越接近美拉尼西亚类型，卷发，矮个子，暗褐色皮肤；中部则为三者的混合，以加罗林人最为典型。[①] 马绍尔群岛的种族构成与语言文化也不同程度地受到这三个地区的影响。典型的马绍尔人肤色较西面的加罗林人肤色浅，文化与体质则和波利尼西亚人相近。

非马绍尔人仅占该国总人口的2%，主要包括科斯雷人、菲律宾人、美国人、华人及其他太平洋岛国人。科斯雷人来自密克罗尼西亚联邦，主要是来马绍尔群岛寻找工作的。由于马绍尔群岛曾为美国的托管地，以及该国设有美国军事基地、弹道导弹试验场、军事科研中心，因此该国也有大量的美国人。20世纪90年代，马绍尔群岛曾为提高收入而向外国人出售护照，由于拥有马绍尔群岛护照在美国境内享受持有美国绿卡的同等待遇，此举导致大量华人涌入马绍尔群岛，并在马朱罗经商。《马绍尔群岛周刊》2010年公布的一项调查显示，在马朱罗的146家中小型企业中，土生土长的马绍尔

---

① http：//baike. baidu. com/link？ url ＝ 8n3veYssHCTvIHM4q15T3KcJ8uk CTnyEkVFWO＿JCSOGEVputC4N3rE1HCQts＿ aZFu＿ IK7vhIyzXeIYnJEMrDg＿ .

人所拥有的企业数量不到总数的一半。由非马绍尔人经营的中小型企业有 79 家，几乎全部为中国人所拥有，而这些华裔大多数是在购买了护照后拥有马绍尔群岛国籍的。华裔企业在马绍尔群岛的壮大使当地人与华人关系紧张，从而引发当地人针对华人的暴力事件。①

3. 语言

马绍尔群岛共和国的官方语言为马绍尔语和英语，但政府机构用语为马绍尔语。马绍尔语属于南岛语系，为马绍尔群岛本土语言。西班牙、德国、日本及美国对该国的殖民统治与托管，以及马绍尔人与其他太平洋岛民的通婚使得马绍尔人通晓多种语言。

（1）马绍尔语

马绍尔语属南岛语系密克罗尼西亚语族，有以拉丁字母为基础的新创文字。南岛语系是世界上使用范围最广的语系，使用南岛诸语言的人口约为 2.5 亿人。马绍尔语为该国本土语言，几乎所有马绍尔人都会说马绍尔语。马绍尔语是马绍尔人在贫瘠的岛礁上生存的重要工具。马绍尔群岛的岛礁相隔甚远，但是各岛礁的方言差异甚小。这不得不归功于马绍尔人高超的航海技术。马绍尔人在太平洋以娴熟而高超的航海技术而闻名，他们运用高超的航海技术进行岛屿间的交往，形成内部一致的文化传统与语言。马绍尔语中有约三分之一的词语与波纳佩语同源。

在西方探险家"发现"马绍尔群岛之前，马绍尔人一直使用马绍尔语。在西方人涌入马绍尔群岛之后，马绍尔语受到西班牙语、德语、日语和英语的影响，但是这种影响仅限于词汇方面，即

---

① 《马绍尔群岛华人移民频遭攻击 与当地人矛盾凸显》，http：//www.chinanews.com/hr/hr‐mzhrxw/news/2010/04‐28/2251155.shtml。

马绍尔人从其他语言中引入了很多词语，但马绍尔语的语法结构与语音特点大致未受影响。马绍尔群岛至少存在三种互通的方言：东马绍尔语、西马绍尔语和埃内韦塔克－乌杰朗方言。马绍尔语有24个字母，12个短元音，22个辅音，其中有5个辅音是以两个字母表示的，附加一个软腭中央近音。马绍尔语中有一个特殊的符号&，发音介于 i 和 e 之间，代表一个元音，另外有7个特殊的辅音。马绍尔语的辅音和普通字母上（或字母中）添有附加符，因此人们很容易识别马绍尔语。[①] 马绍尔语使用拉丁字母，其拼写基于发音而不是音位分析。该国现存两套拼字法。旧拼字法由西方传教士创建，但不符合马绍尔人的发音特点，也不能很好地表征其发音。21世纪初，马绍尔群岛推行拼字法改革，引入新拼字法。虽然新拼字法能更好地表征马绍尔人的发音，但旧拼字法仍被广泛使用。随着新拼字法的推行，它逐渐得到人们的认可和接受，并在马绍尔群岛的学校中广泛使用，马绍尔群岛的青少年也成为新拼字法的主要使用者。

受马绍尔群岛社会传统的影响，马绍尔语在地名和历史意义的表达上独具特色。土地在马绍尔群岛传统社会中有着特殊的地位，马绍尔语相应地表述了土地在家庭中的代际传承。马绍尔群岛每一块土地都有其独特的名称与历史意义，土地所有者熟知其名称与历史意义。马绍尔语同样也表述了基于土地的资源所有权与使用权。马绍尔语中的地名含有关涉马绍尔人所占有的陆地与海洋财产的历史信息。环礁、岛屿、地块（weto）以及礁石的名称都含有一定的历史信息。举例来说，地块名称一般会表述地块的物理特征，并解

---

① 黄长著：《各国语言手册》，重庆出版社，2000，第256页。

释地块所有人为什么以及如何继承与使用土地的。体现财产历史与重要性的地名可见表1-1。

表1-1 马绍尔群岛地名示例

环礁名称	
朗格拉普 Rongelap	Ron(洞,指潟湖)+ lap(大)= 有大潟湖的(环礁)
朗格里克 Rongerik	Ron(洞,指潟湖)+ rik(小)= 有小潟湖的(环礁)
艾林吉纳埃 Ailinginae	Ailin(环礁)+ in(在)+ ae(水流)= 水流中的环礁
岛屿名称	
埃尼艾托克 Eneaitok	Ene(岛)+ aitok(长)= 长岛
艾尼巴伯 Enebarbar	Ene(岛)+ barbar(多岩石的、许多礁石的)= 有许多礁石的岛
奥罗肯 Aeroken	Ae(水流)+ rok(南)+ en(离谈话者较远)= 较远的南方水流中的岛屿
地块名称	
马伦 Marren	Mar(灌木丛)+ en(离谈话者较远)= 较远的带有灌木丛的地块
摩巴科 Monbako	Mon(住宅)+ bako(鲨鱼)= 鲨鱼的住宅
埃贝耶 Aibwej	Aibwej(水)= 有水的(地块)

（2）英语

马绍尔群岛政府所有文件都是以英语的形式呈现，但人们可指定另外一种语言作为政府文件的译文。很多曾到美国留学或在美国长大的马绍尔人把英语作为第二种语言。

（3）日语

该国一些年长者因历史原因会讲日语，但目前除了在当地由日本人经营的旅馆内可使用日语以外，其他地方并不使用日语。

此外，在马绍尔群岛流传着一种词意已失传的传统古语（kajin etto）。一些年长者仍然会用古语诵咒，但是大部分咒语的意义已失传。虽然马绍尔人已经不再使用古语，但是年长者对古语的记诵显示了马绍尔人卓越的口述传统。据考证，除此种古语外，马绍尔群岛还存在一种宗教语言，用以表示对圣地与酋长的尊敬。虽然 19 世纪涌入马绍尔群岛的西方传教士成功地用基督教取代了马绍尔群岛的原始宗教，但是原始宗教的遗迹依然保存了下来。马绍尔群岛原始宗教崇奉万物有灵论，认为万物皆有灵，并赋予其神秘、超自然的力量。马绍尔群岛渔民在出海捕鱼之前，使用此种宗教语言念诵咒语，以抚慰鲨鱼和保佑自己平安。在马绍尔群岛传统社会的圣地，人们被强制使用宗教语言，日常语言则被明确禁止。虽然宗教语言久已失传，但是采用假名以表示尊重的语言习惯得以保留。马绍尔人在称呼酋长时往往会使用别名或模糊词语，而不是酋长的真正名字，以表示他们对酋长的尊重。这一礼仪规则体现了酋长较高的社会地位。同样，在禁地如酋长的领地，马绍尔人一般使用别名或代号来指称动物、树木和人。①

六 国旗、国徽、国歌

1. 国旗

马绍尔群岛共和国国旗采用于 1979 年 5 月 1 日，国旗呈长方形，长宽比例为 19∶10，旗底为蓝色。一道橙白相间的放射状条带沿对角线将国旗分为两部分，下窄上宽。彩条象征横越地球的赤道。左上角有一轮白色的太阳，象征马绍尔群岛处于赤道以北；太阳放射出 24 道光芒，象征这个国家的 24 个市政区域。国旗的蓝色

---

① Holly M. Barker, *Collisions of History and Language*: *Nuclear Weapons Testing*, Human Environmental Rights Abuses and Cover – Up in the Republic of Marshall Islands, pp. 13 – 18.

背景代表太平洋，白色和橙色地带分别代表拉塔克群岛（日出群岛）和拉利克群岛（日落群岛）。橙色象征勇敢与繁荣，白色则代表和平。太阳上的四个长角代表基督教的十字架，体现该国国民对基督教的信仰。

2. 国徽

马绍尔群岛共和国国徽呈圆形，圆面中间有一只展翅的海鸟。海鸟之上是光芒四射的太阳，太阳左下方是石头，代表当地土著人使用的工具。太阳的 24 道光芒代表共和国的 24 个市政区域。四条较长的光芒代表马绍尔群岛共和国的 4 个中心：马朱罗环礁、贾卢伊特环礁、沃杰环礁、夸贾林环礁。太阳右下方的渔网象征该国丰富的渔业资源和有发展潜力的渔业。海鸟左侧的椰子树代表该国重要的经济作物；右侧的帆船象征该国的航海和捕鱼业；下方为航海用的导航工具。外缘上方用英语写着"马绍尔群岛共和国"，底部用马绍尔语书写国家格言"共同努力得以成就"　（原文：JEPILPILIN KE EJUKAAN）。国徽外环为锁链设计，代表该国各岛礁之间的密切联系。一半锁链代表拉利克群岛，另一半代表拉塔克群岛。

3. 国歌

马绍尔群岛共和国的国歌是在它从美国的托管领地中分离出来时确定的，由该国首任总统阿马塔·卡布阿作词作曲。国歌名为《永远的马绍尔群岛》。

歌词大意为：

我的岛国处于大洋，

就好像海中的花环；

上帝的亮光高高在上，

闪耀着生命的光芒；

我们祖先美妙的创造，

留赠给我们，我们的祖国；

我永远不会背离我亲爱的家乡；

我们的祖辈在天之灵保佑马绍尔群岛万寿无疆。

第二节　宗教与民俗

一　宗教

1. 衰落的原始宗教

虽然自 1857 年美国传教士踏上埃邦环礁后，大部分马绍尔人改信基督教，但是，马绍尔群岛的原始宗教或多或少地保留下来。马绍尔群岛土著居民信奉的原始宗教为多神教，相信万物有灵，盛行巫术和文身，有很多禁忌。马绍尔群岛的原始宗教起源久远，虽已衰落，但是原始宗教的神灵以星座的形式在现代社会中保留下来。在传统社会，地方宗教领袖与巫师掌控着生命之源，人们普遍崇奉巫师、占卜师。

在古拉塔克岛，马绍尔人信奉天国中的一位神灵，人们向其供奉水果之类的简单祭品，但没有神殿与僧侣。每次在交战或举行重要活动之前，马绍尔人会露天举行献祭仪式，献祭者手擎祭品，口念祈祷之词，向神灵供奉水果。该仪式名为"吉迪安安尼斯门乔"（Gidien Anis Mne Jeo）。在献祭时，献祭者们须反复念诵最后一个字。当马绍尔人出海捕鱼或做某件重要事情时，也会在家里向神献祭。在很多岛上，都有被视为圣树的椰子树，而神一词即来源于此。在古拉塔克岛，文身也是与宗教紧密联系在一起的，没有神谕，文身仪式难以举行。如果他们不遵守这一规划，大海将吞没全岛，所有的土地将遭受灭顶之灾。①

在马绍尔群岛传统社会曾盛行永生的信仰和对死亡的崇拜。马绍尔人认为，在人死后六天内灵魂不会离开尸体，到了第七天，灵魂才离尸而去，到附近的岛礁生活。因此，他们有停尸六天的习俗，以使灵魂从容愉快地离去。② 即使在现代马绍尔群岛社会中，这一观念仍有所保留。在马绍尔人看来，死亡并不是生命的终结，而是另一种形式的存在。人们死亡后会成为神灵祖先，并对家庭成员进行庇护和保佑。虽然原始宗教已衰落，巫术依然在马绍尔群岛现代社会中扮演着重要的角色，马绍尔人把原始宗教神灵的特点转移到了基督教神灵身上。在村落中，教堂往往位于中心区域，而且是最高大、华丽的建筑，取代了古老圣地在传统社会中的地位。尽管如此，人们对圣地的敬仰依然未变。③

2. 基督教

马绍尔群岛岛民大都信教而且大部分为新教徒。该国最大的教会为联合基督教会，其他信众较少的新教教派有神召会、浸礼会和安息日会等。天主教在马绍尔群岛也有众多信徒。此外，近年来，末日圣徒教会在马绍尔群岛兴起。据统计，在马绍尔群岛岛民中，

---

① 〔英〕弗雷泽：《永生的信仰和对死者的崇拜》，李新萍等译，中国文联出版公司，1992，第 185～186 页。

② 林晓平：《中国历史知识全书·灿烂文化：中国人崇拜祖先的传统》，北京科学技术出版社，2006，第 3～4 页。

③ Marshall Islands, http://www.everyculture.com/Ma－Ni/Marshall－Islands.html.

联合基督教会信徒占 51.5%，神召会信徒占 24.2%，罗马天主教会信徒占 8.4%，末日圣徒教会信徒占 8.3%，浸礼会信徒占 1.0%，安息日会信徒占 0.9%，福音派教徒占 0.7%。

马绍尔群岛政府允许外国传教士自由布教。联合基督教会、罗马天主教会、神召会、安息日会和浸礼会都建有教会学校。马绍尔群岛宪法规定宗教自由，政府在政策实践和法律制定上大体遵循这一宪法原则。[①]

3. 伊斯兰教

伊斯兰教为马绍尔群岛的少数派宗教。该国所有的穆斯林都属于伊斯兰教少数教派——阿默德教派。2012 年，马朱罗环礁乌利加岛上建造的巴伊特·阿哈德（Baitul Ahad）清真寺是大洋洲密克罗尼西亚地区唯一的清真寺。

20 世纪 90 年代，阿玛迪亚运动派遣斐济传教士前往马绍尔群岛布教，伊斯兰教自此传入马绍尔群岛。2001 年，马绍尔群岛政府正式承认伊斯兰教。由于阿默德教派信徒较少，所以自传入后，一直未得到社会的关注。美国国务院发布的《世界宗教自由报告（2009）》认为，马绍尔群岛的阿默德教派信徒约为 10 人。[②] 但近年来的统计表明，该教派信徒大致已达 150 人。2012 年巴伊特·阿哈德清真寺的兴建使该国的穆斯林受到宗教人士和政府官员的关注。尽管马绍尔群岛宪法规定宗教自由，但是一些议员仍对伊斯兰教在马绍尔群岛的传播持怀疑态度。目前，阿默德教派信徒已经遍

① International Religious Freedom Report 2009, http：//www. state. gov/j/drl/rls/irf/2009/127278. html.

② International Religious Freedom Report 2009, http：//www. state. gov/j/drl/rls/irf/2009/127278. html.

及全国，并与地方青年组织、卫生部及慈善机构"人道第一"合作，对于提高民众的生活水平，起到了积极的作用。①

二　民俗

马绍尔群岛居民以其和平友好的性格著称于世界。喜欢和他人分享，待人热情体贴，是马绍尔群岛文化所固有的价值观的体现。这些价值观历经数百年的时间才形成。马绍尔群岛四面环海，土地贫瘠，国土狭小，岛民的生存依赖于同其他人的贸易与协作，因此马绍尔人懂得与人合作、关心他人，是在与世隔绝的小岛上生存的重要因素。

由于历史原因，这个小岛国曾被德国、日本和美国先后占领。因此，尽管大部分人是土生土长的马绍尔人，但也出现了许多有德国、日本和美国血统的居民。马绍尔群岛文化也带有其他因素。

1. 思春礼仪

在马绍尔群岛，男子长到十五六岁和女子在结婚时，都要举行仪式，在仪式上男子须剃光额发，女子须剃眉、染齿、结发等，表示已到思春期。在当地，酋长的女儿举行思春仪式时，酋长管辖下的人民都要携食物、鲜花、席子等物品聚集到庆贺的场所。青年男子在礁湖附近的小屋内接受巫师的洗礼，然后将全身涂上芳香的椰子油，再到海滨祛邪，象征着祛除不祥，大吉大利。之后两三周内，他们闭居于小屋，严格斋戒。白天绑紧伸直的双脚，身体不

① Islam in the Marshall Islands, https://en.m.wikipedia.org/wiki/Islam_in_the_Marshall_Islands. Muslim community puts down roots in Marshall Islands, http://pacificpolicy.org/2014/08/muslim-community-puts-down-roots-in-marshall-islands/.

动，处于安静状态；夜间横卧在席上。同时，岛上的女孩们相继食宿在邻室，一直相伴到仪式结束。仪式一结束，人们就大办宴席。当夜，氏族中的长者向人们散发花蕾，人们进行狂欢。[①]

2. 文身

马绍尔群岛具有许多太平洋岛国特有的风俗习惯。如马绍尔群岛的土著居民，有文身习俗。在文身时，必须举行隆重的祭神仪式。他们认为，文身是神圣的行为，因为它是由两位文身之神——里奥第和兰尼第传下来的。在举行文身仪式时，人们捧着祭祀品，唱着祈祷歌，跳着敬神舞，场面非常热闹。文身仪式长达一个月之久，文身的过程非常痛苦，但那里的人们相信举行这种仪式能给他们带来美丽和荣耀，他们认为文身是唯一能带进坟墓的物品。文身有宗教因素，而且和家族出身息息相关。能够去除皱纹，掩盖年龄的面部文身，只有最富有、荣耀的部落首领才能享有。文身的图案具有抽象意义。这些图案的灵感来自于自然特别是大海，像海中的贝壳、波浪、各种鱼等，配以圆点、直线、曲线等元素就构成了常常重复使用的文身图案。男人的身体前部被分成了三个部分：肩部、胸部及腹部。从肚脐向上的垂直文身叫作柱，其他部位的文身一般被称为涌浪、云、船等。男人的背部同样也被分成了三个区域，最重要的部分是从左边腋窝到右边腋窝这一区块，此处的文身是由粗的竖线组成的大图。女人的文身通常只出现在手臂、肩部或大腿，首领的妻子也能文在背部或手部。文身用的针是用鱼骨磨成的，颜料是用椰碳制成的。文身的时候，人脸被垫子遮住，旁人还会不断敲鼓，以掩盖人们因疼痛而发出的

---

① 张定亚：《简明中外民俗词典》，陕西人民出版社，1992，第576页。

尖叫声。

3. 婚姻与家庭

在马绍尔群岛，男女之间公开表达感情被认为是不适宜的，因此，情侣一般会选择在晚上约会，这是马绍尔人恋爱的主要方式。马绍尔人称这种恋爱方式为"夜晚爬行"（kabbok driturin）。在夜晚，男孩爬行靠近女孩的房间，然后抛扔一颗鹅卵石以引起女孩的注意。许多马绍尔人在恋爱后，会正式确立关系，举办婚礼。情侣一般会按照习俗举办婚礼，夫妻双方向对方做出承诺，开始居住在一起，生育和抚养孩子。

在马绍尔群岛，家庭是土地所有制的基础。马绍尔群岛居民非常重视家庭，他们认为祖父母、叔婶姑伯、堂表兄妹以及远房亲戚是自己的至亲。他们之间相互关怀，彼此尊重，形成了关系亲密的社会群体。

一般来说，亲属会聚集在一起生活，组成一个大家庭。孩子一般由大家庭的成员尤其是祖父母抚养，领养也很常见。这种以血缘关系为基础的家庭结构非常灵活，它并不局限于有亲缘关系的亲属，也可以接纳没有亲缘关系的成员。尊敬老人是马绍尔群岛社会的传统，因此，老人会得到很好的赡养。马绍尔群岛社会以母系文化为主，所有权和其他权力按母系分配，但是，男人往往是家庭的代表，负责处理日常事务。女人则负责抚养孩子和做饭。她们也会加工椰干、采集食物和编织手工艺品。

4. 社交

作为问候语，Iokwe 几乎可以用在任何社交场合。正如夏威夷语的阿罗哈（Aloha）一样，它的词意随音调而变化。它也许是"你好"、"再见"、"爱"或"喜欢"的意思，但是，它在特定的场合也能表达沮丧和悔恨之意。在社交场合，握手不是很普遍，但是当人们握手的时候，他们的握手会持续一段时间，甚至持续两人谈话的始终。另一个常用问候语是 Itok im mona（过来吃饭）。它的吃饭之意仅仅是字面上的，常用于一般的问候。马绍尔人，尤其是外岛上的马绍尔人，常邀请路人到家聊天，品尝椰子汁、咖啡或其他饮品。马绍尔人在称呼彼此的时候，往往不直呼其名，而是在问候（Iokwe）之后，用朋友之类的泛称来称呼对方。

拜访是马绍尔群岛社会的重要社交方式。当某一个马绍尔人不去拜访别人或不接受别人的拜访时，其他马绍尔人会认为他出事了。步行或乘船去拜访朋友及其家人并与其聊天是马绍尔人生活的重要组成部分。这一社交方式被称为"瞻步"（Jambo）。马绍尔人会随时"瞻步"，被拜访的朋友则会为访客提供各种食品，诸如水果、鱼、罐头、进口大米和饮料等。访客会坐在主人家的草席上，这些草席是用露兜树叶编制而成的。新草席常被用作睡席，而旧草席则被用作座席。人们习惯在坐下之前脱掉便鞋，男人盘腿而坐，女人则双腿向一边蜷曲而坐。出于礼貌，女人会非常小心地盖住她们的大腿。许多马绍尔人也会躺着聊天，他们头枕着石头、椰子或窗台板。访客与主人也常坐着不说话，只是静静地享受朋友在场的时光。①

5. 饮食

马绍尔群岛最重要的可食用植物果实是椰子。椰子不是本土植物，是通过水路进入马绍尔群岛的。因为椰子汁与椰子肉皆可食

---

① Marshall Islands Customs，http：//elearn. fiu. edu/e－dev/WorldExplorer/Customs/Oceania/Marshall％20Islands. html.

用，在进入马绍尔群岛之后，椰子很快就成为马绍尔人的主食，并延续至今。椰子是唯一一种在第一批移民抵达之前进入马绍尔群岛的外来植物，这批移民还带入了其他食物，这些早期食物成为今天马绍尔人的饮食基础。当第一批移民带着新植物和动物进入马绍尔群岛的时候，他们发现了大量的海洋生物，并将这些生物纳入他们的饮食结构，它们包括蛤蚌、螃蟹、乌龟、鱼和海鸟等，直到今天马绍尔人仍然把它们作为食物。

约在3000年前，烹饪文化很可能随移民进入马绍尔群岛。移民带来了猪、老鼠和狗，并将这些动物烹饪加工成食物。早期的移民也带来了芋头、甘蔗、柠檬、面包果、香蕉和大米等食物。由于早期移民是分成很多批抵达马绍尔群岛的，因此难以确定哪种食物是随哪批人于何时进入马绍尔群岛的，但是可以确定的是，这些食物在13世纪之前都已进入马绍尔群岛。这些分批抵达马绍尔群岛的移民改变了马绍尔群岛土著居民的饮食结构。在最后一批移民进入马绍尔群岛之前，马绍尔人的传统饮食结构已基本形成。马绍尔人的传统食物主要包括猪肉、鱼、芋头、椰子、大米以及面包果。

虽然16世纪西班牙人发现了马绍尔群岛，但是当时及以后的相当长一段时间，西方人对马绍尔群岛的影响非常小。19世纪西方人涌入马绍尔群岛，并开始定居。西方殖民者带来了西方食物，包括牛、鸡、小麦、土豆和菠萝。这些西方人带来的食物，尤其是水果成为马绍尔人饮食结构的一部分，它们包括木瓜、菠萝和芒果。1915年，日本占领马绍尔群岛，随后许多日本人迁移至马绍尔群岛定居。由于日本人几乎只吃其本国食物，所以日本殖民当局带来了大量的本国食物，并在马绍尔群岛栽种日本农作物，这导致马绍尔群岛饮食结构的剧变。随着日本的战败，日本对马绍尔群岛饮食结构的影响逐渐消失，他们引进的日本食物随战败的日本人一同离开了马绍尔群岛。日本人对马绍尔群岛饮食的影响相当短暂，现在几乎没有留下任何痕迹。

美军将日本人驱离马绍尔群岛后，他们于 20 世纪 50 年代将一些岛礁开辟为核试验场，永久性地摧毁了其中的一些岛礁，并严重影响了周围的生态环境。核试验严重破坏了马绍尔群岛的食物生产和食品安全，并将马绍尔人的很多食物摧毁。近年来中国台湾地区的农技团，将蔬菜种植技术与猪、鸡等养殖技术引入马绍尔群岛，缓解了马绍尔群岛岛民因吃蔬菜较少而易得痛风、糖尿病及高血压等疾病的状况。

现在马绍尔群岛的饮食分为本土传统饮食与外国饮食。大多数马绍尔人的饮食以传统食物为主，并搭配少量的外国食物，几乎没有马绍尔人放弃传统饮食，而完全转向西方饮食。随着旅游业的发展、海外旅客的增多，以及迎合美国驻军的要求，岛上以美国食物、中国料理以及意大利料理等外国食物为主的风味餐厅越来越多。

在马绍尔群岛的国宴上，通常首先由传统领袖取用食物，其次为重要宾客、内阁阁员、议员。马绍尔人常说："给我一条鱼只能活一天，教我养鱼，却能活一辈子。"这充分表达了他们吃在今天想到明天的远大抱负。政府为此制定了一系列方针政策。第一，加强法治，如明文规定未经政府许可不准私自在禁捕区捕捞，误捕鱼苗后一律就地放生等；第二，进一步探清海底资源，制止一哄而起一挖而尽，如对当地盛产的磷酸盐、海马、鲜贝、稀有金属等，一律加以保护，暂不开发，顾及长远；第三，加强国际技术、经济合作，利用他人之长补自己之短。

6. 服饰

马绍尔人低调而谦逊，这在着装上也有体现。马绍尔人的穿着简单朴素，低调而不张扬，避免财富与感情的外露。

（1）传统服饰

男子的传统服装主要为草席，他们几乎常年身裹草席。男子的传统着装方式主要分为两种，一种被称为拉格布（Lageb）式，另一种被称为卡尔·奥图曼（Kal Ortuman）式。拉格布式是将草席的一角从背后穿过两腿拉至胸前，并将其塞入腰带。草席的其他三个角则分别从背后和两侧塞入腰带，从而遮住大腿而不是胸前部分。这种穿着方式适于日常劳作和捕鱼，但是不适于出席庄重而严肃的场合。若以拉格布式出现于酋长面前，则被认为是一种不敬之举。卡尔·奥图曼式则是将草席像围裙一样裹在身上。酋长穿草裙出席节日庆典时，往往会在身前以草席裹覆草裙。男子穿的传统草裙其实是被带子固定在一起的两丛植物纤维，由铺地刺蒴麻（triumfetta‐procumbens）或黄秋葵（hibicus bush）的茎皮制作而成。草裙并不是完全地覆盖身体一周，它不遮覆大腿外侧，其身前部分较长，达至膝盖。

成年女子一般穿两张草席，一张遮住前身，另一张覆裹后背。背后的草席的两边一般会绕到前身，半遮住身前的草席，然后用腰带拴住两张席子。根据早期民族志学者的论述，女子的腰带可长达50米。酋长家的女性往往会多加一张草席，以保护其制作精良且贴身穿的那两张草席，尤其是她们在席地而坐时。在传统社会，女子的着装会因怀孕而发生变化。怀孕后，她们会穿不同的草席，以表示她们社会地位的提高。①

---

① Marshallese Dress，http：//marshall. csu. edu. au/Marshalls/html/essays/es‐ed‐1. html.

（2）现代服饰

马绍尔人的传统衣着往往仅有下衣，人们很少穿上衣，所以有其不便之处。随着西方文明的传入，马绍尔人的衣着也发生了很大的变化，总体风格趋于保守。今天，大多数马绍尔人用衣服裹住身体，而不再光着上身。马绍尔群岛天气炎热，穿棉织品服装较为舒适，但是在空调房中，穿合成纤维服装则更为舒适。在马朱罗，服装店几乎不出售棉织品服装，也不出售美式风格的服装，其质量也达不到美国服装的质量水平，它们主要出售广受本地人和海外游客欢迎的马朱罗 T 恤衫。

今天，在马绍尔群岛，尤其是在城市，男士一般穿 T 恤衫、阿罗哈衫[①]、长裤（有些情况下也可以穿短裤）、凉鞋或运动鞋、马绍尔鞋。女士则穿短袖的穆穆袍[②]和橡胶凉鞋，一般会把大腿和肩部遮住。穿美式服装的女士非常少，她们也不常穿长裤和短裤。由于穆穆袍是用柔滑的聚酯纤维制作而成，干得很快，所以女士常穿穆穆袍游泳。大多数女士穿裙子、衬衫或连衣裙，这都适合在晚上穿。因为气候的原因，她们很少穿长袜，休闲而时髦的凉鞋则很流行。在马绍尔群岛，女士一般将长裙和连衣裙作为晚礼服，花俏或袒胸露背的长礼服并不适宜。

孩子们一般穿 T 恤衫、短裤、橡胶凉鞋。马朱罗的一些私立学

---

① 阿罗哈衫于 20 世纪 30 年代末在夏威夷兴起，开始主要为吸引游客，但很快就在当地居民中流行起来。阿罗哈衫已成为夏威夷的正式服装。人们上班和参加较正式的活动通常穿一件阿罗哈衫就可以了。在参加工作面试、晚宴和到剧院观看演出时，阿罗哈衫往往可以代替较正式的西装。男士穿上这种花衣服丝毫不感到难为情。详情参见 http：//baike.baidu.com/link？url＝t_ cYkeahS5DxkgIbQbU7Az9wBd－lGPePaMqbqY5wqrif CLKhadDSZkbN9DFegrKEDSic3ldN0e39－SorXkhmJK。
② 穆穆袍是一种色彩鲜艳的女式大长袍，刚开始是夏威夷女子常穿的服装，现在出现了很多改良版，也流行到美国和其他国家。

校要求学生统一穿校服，这些校服由国内厂商生产，价格低廉，因此校服也是一些孩子的常装。孩子们偶尔穿运动鞋，美国的运动鞋是其中最好的鞋子。马绍尔人普遍信教，在前往教堂时，男孩一般穿长裤，女孩则穿裙子，无须着正装。孩子们攀爬椰子树、在珊瑚砂和珊瑚石上嬉戏、游泳等常常会弄脏他们的衣服。

第三节　著名城市

马绍尔群岛的城市主要有两个，即首都马朱罗与商业中心埃贝耶，其余的岛礁大多是处于原始状态的农业区，被称为外岛。二战后马朱罗取代贾卢伊特成为马绍尔群岛的行政中心，在独立后成为马绍尔群岛的首都。在 20 世纪 50 年代早期之前，埃贝耶的大部分居民分散居住于夸贾林环礁，埃贝耶的大部分土地无人居住。当夸贾林环礁被开辟为比基尼环礁与埃内韦塔克环礁核试验的支持基地时，美国当局将夸贾林环礁的居民迁至埃贝耶，并为移民提供住房和为夸贾林军事基地服务的就业机会，埃贝耶自此发展成为城市中心。

一　首都马朱罗

马朱罗为马绍尔群岛的政治、经济中心及主要港口，建有国际机场、商店、大学、医院及酒店等商业和文化设施，以服务业为主。今天的马朱罗市是由南部有人居住且分散的岛屿发展而来的，美国当局通过填海、架桥以及铺设公路将分散的岛屿联系成一体化的城市，它所铺设的公路总里程达 56 千米，由最东端的丽塔村延伸至最西端的罗拉村。这两个村落的名称是由二战期间美军给其取的代号演变而来的，该代号则是来自美国两位最有名的海报女郎丽塔·海华斯（Rita Hayworth）与劳伦·白考尔（Lauren Bacall）。

马朱罗的商业与购物区集中于丽塔，并延伸约 6.5 千米至马朱罗环礁的东南角即第二商业区、国会大厦与政府机构的所在地。马朱罗的市中心由迪加瑞岛、乌利加岛和代拉普岛组成，被称为 DUD 社区。这三个岛屿都位于马朱罗环礁的东部。迪加瑞岛大部分为住宅区，岛上设有丽塔小学与马绍尔群岛中学，两者分别为该国最大的小学与中学。一条公路穿过国际机场将迪加瑞岛与西端的罗拉村连在一起。乌利加岛上设有马绍尔群岛学院、萨普高中和采用英语授课的乌利加小学。在日本占领期间，代拉普岛上建有马朱罗机场，二战后曾继续使用，但随后因机场路面损坏而被废弃，代拉普岛自此转型为商业与工业区。在马朱罗，沿着潟湖铺有一条砌石主干道，而在另一边大洋沿岸则铺有一条延伸至政府驻地的公路。沿着潟湖的主干道林立着学校、政府机构、商店、饭店、酒店和医院。马朱罗是一个紧凑型的小城，居民彼此都认识。马朱罗面积虽小，但它提供的西化设施远超过人们对太平洋岛国的预期。

截至 2012 年，DUD 社区有居民 20301 人①，大部分人居住于拥挤的房屋之中，且缺少自来水与排污设施。因为马朱罗土地紧缺且被控制在氏族手中，所以，很多民居前都耸立着他们家族成员的墓地。通常，马绍尔群岛人家中没有任何家具，只有用露兜树叶编制而成的睡席，这一睡席在白天卷起，晚上铺开。厨具、煤油炊具

---

① Majuro，https：//en. wikipedia. org/wiki/Majuro.

或坑式炉一般设置在住宅外面，由几个家庭共用。潟湖和海洋则被用作厕所设施，虽然人口持续增长，但是这一习惯一直延续，造成了丽塔村的健康问题以及潟湖的污染问题。

二　第二大城市中心——埃贝耶

埃贝耶是马绍尔群岛的第二大城市中心和主要港口，同时也是拉利克群岛的文化中心。埃贝耶商店、医院、学校、酒店和潜水场等商业和文化设施齐全，但是它总体上不如马朱罗发达。

1951 年，美军在夸贾林岛建设军港，将 450 名岛上居民迁移至埃贝耶岛。1964 年，美军因安全原因将夸贾林环礁中其他岛屿上的 400 名居民迁移至埃贝耶，起初移民每月可得安迁费 25 美元，后追加至 40 美元。1967 年之前，已有 4000 人拥挤居住在埃贝耶岛狭小的土地上，这里卫生条件极其恶劣。目前，埃贝耶岛人口已超过 15000 人，是世界上第五大人口稠密的岛屿。[①] 在夸贾林环礁北端的桑多岛（Sando Island）也有一个类似的贫民区，但是这个贫民区较小，主要供罗伊－那慕尔岛（Roi－Namur Island）上的工人居住。

1988 年之前，几乎三分之一的马绍尔人居住在埃贝耶由金属片与胶合板建成的拥挤的房屋内。是年，一场风暴摧毁了大片的房屋，自此以后，埃贝耶开始兴建水泥砖房，以取代原来脆弱不堪的板房。美军夸贾林军事基地为埃贝耶居民提供了大量的就业机会，每天都有数千名埃贝耶工人乘船前往基地工作。由于经济不发达，马绍尔群岛的工作机会非常有限，且集中于两个城市中心，所以外

---

① Ebeye Island, https：//en. wikipedia. org/wiki/Ebeye_ Island.

岛的大量民众涌往埃贝耶寻找工作，尤其是美军基地所提供的就业机会，或者投奔富裕的亲属。

作为移民城市，安迁费以及美军基地土地租赁费是埃贝耶居民的主要收入来源，但是围绕着这两项收入，马绍尔群岛与美国不断发生争执与冲突，其主要原因是马绍尔群岛移民要求提高补偿费用与土地租金。1969 年，200 名岛民占领美军核试验场要求提高安迁费，他们的要求很快获得同意。1979 年，土地业主占领位于夸贾林环礁罗伊 – 那慕尔岛的美军导弹靶场，直到租金得到显著提高才离去。1986 年，150 名土地所有者协会成员组织"露宿示威"活动，要求美军提高土地租金，但遭到美军的强制驱散。随后，美国向土地所有者协会开出 100 万美元的罚金，这些罚金从土地租金中扣除。随后，马绍尔群岛政府开始通过 80 名大地主向其他土地业主发放租金，通过这种间接的方式瓦解土地所有者协会。根据 1986 年生效的《自由联系条约》，美军以每年 900 万美元的租金租赁夸贾林环礁的土地作为军用，其中大地主每年获得 600 万美元的租金。在 2003 年美马《自由联系条约》谈判中，美国将土地租金提高至 1500 万美元，并使用夸贾林军事基地直至 2066 年，条约续签后则可使用至 2086 年。美国的这一提议遭到土地业主的拒绝，他们坚持土地租金应为美国所提议价格的两倍。土地业主与美国政府之间的争执导致新的土地租赁协议迟迟未达成。

为稳定军事基地的使用权和改善美国的形象，美国政府制定了年投入 300 万美元的再开发计划，以改善埃贝耶岛的基础设施。这一计划由夸贾林环礁开发公司（Kwajalein atoll development corporation）实施，它陆续修建了电厂、海水淡化厂、集装箱码头、学校、社区中心和体育设施等，并改善卫生条件。为缓解人口压力，美国政府出资修建了从埃贝耶到古吉居村长达 10 千米的堤道，这使得埃贝耶可将其过剩人口疏散至古吉居村，现在马绍尔群岛学院已在古吉居村设立分校。但是，一旦古吉居村基础设施得到完善，人口压力变小的埃贝耶可能会吸引更多的外岛民众，会再次变得拥挤不堪。

第二章

历　史

第一节　马绍尔人的起源

　　根据马绍尔群岛的神话，马绍尔人的始祖为来自马绍尔群岛神秘之地的两姐妹，这一神秘之地位于马绍尔群岛西部，被称为伊布（Eb）。妹妹丽娃图尹姆尔（Liwatoinmour，意为来自生命起源之地的女人）来到拉利克群岛，止步于纳穆环礁。姐姐利瑞布莉布居（Liribrilbju）则行至拉塔克群岛的奥尔环礁。两姐妹化身为石柱，这些石柱所在的地方成为两大群岛上主要氏族的起源之地。在拉利克群岛，人们认为丽娃图尹姆尔的女儿是世代统治拉利克群岛的酋长的始祖，其母系后裔是时今拉利克群岛的酋长，其统治地位为神所授予。在拉塔克群岛，瑞木韦哲（Rimwejor）家族一直居统治地位，直到其失去梅吉特岛。出身于社会底层的兰诺家族在占领梅吉特岛后，逐步征服了拉塔克群岛的大部分岛礁，而瑞木韦哲家族仅拥有奥尔环礁。此后，兰诺家族由原来的八个宗族分裂为二十个，其中四个一直占据统治地位。他们以君权神授理论来论证其统治的合法性，即这些家族之所以强大，是因为他们的权力是神赐予的；因为

神赐予他们权力，所以他们强大。^①

关于马绍尔人的起源，考古学家研究表明，大约公元前 2000 年至公元前 500 年，第一批密克罗尼西亚人迁移至马绍尔群岛，并称其为"我们的岛屿"（Aelon Kein Ad），密克罗尼西亚人向马绍尔群岛移民的主要原因大致为躲避战争、人口过多以及寻求冒险，但其抵达马绍尔群岛的具体时间难以确定。^② 尽管有所争议，20 世纪 80 年代后期考古学家在比基尼环礁进行的考古研究表明，早在公元前 2000 多年，马绍尔群岛就已经有人类定居。早期移民所使用的工具多由马绍尔群岛本土材料制成，易腐烂分解，难以保存下来。尽管如此，研究者相信，早期的密克罗尼西亚移民来自美拉尼西亚的瓦努阿图附近。密克罗尼西亚语与美拉尼西亚语在词汇与语法上非常相似，这证明两者有着共同的起源。而且，早期移民曾居住的密克罗尼西亚东部的语言与东南亚的语言有着直接的关联。这一证据与更古老的密克罗尼西亚西部语言，共同揭示了一条经由密克罗尼西亚自西向东的移民路线。

据此，有关马绍尔群岛移民的主流理论认为，马绍尔群岛的早期移民来自东南亚。约在 5000 年前，早期移民的始祖由东南亚迁出，几百年之后，随着农业的发展与航海技术的提高，他们沿美拉尼西亚向东南方向迁徙，约在 2000~3000 年前抵达太平洋中部。早期移民语言与考古学证据显示，第一批移民在马绍尔群岛北部登陆，随着时间的推移，他们逐渐占据了马绍尔群岛的两大岛链——

---

① Julianne M. Walsh, Imagining the Marhsalls: Chiefs, Tradition, and the State on the Fringe of U. S. Empire, p. 119.

② Republic of the Marshall Islands' official website, http://www.rmiembassyus.org/History. html.

拉利克群岛与拉塔克群岛。早期移民称他们所占据的群岛为"Lollelaplap"，意为"辽阔的海域"，这构成了现今的马绍尔群岛共和国。

几千年前的火山喷发造就了马绍尔群岛的岛礁，并形成日出群岛（拉塔克群岛）与日落群岛（拉利克群岛）。数千年来，马绍尔群岛的居民一直生活在与世隔绝的状态之中，直到大航海时代与西方航海家的到来。虽然英国船长约翰·马绍尔造访马绍尔群岛的时间较晚，但是他的名字与马绍尔群岛的历史紧紧地联系在了一起。

第二节　马绍尔群岛的"发现"及西方殖民者的入侵

马绍尔群岛的"发现"与西方国家对香料产地的寻求有密切的关系。在君士坦丁堡陷入土耳其手中之前，欧洲各国一直依赖黑海附近之陆路通往印度、中国与亚洲其他地区，并与之展开贸易。然而，当1453年东罗马帝国溃败之后，欧洲人无法突破土耳其的疆土，使部分依赖买卖丝绸、宝石及香料的国家陷入经济危机。故此，欧洲人决定开辟一条新航线绕过土耳其直达远东，直接与香料群岛进行贸易。

随着达·伽马于1497年成功开辟了由欧洲通往印度的新航线，葡萄牙垄断了欧洲与东方的香料贸易。在达·伽马成功开辟新航线之后的二十年间，葡萄牙沿着新航线建造了一系列港口，打破了阿拉伯商人长期垄断的与印度的贸易，并抢得了与印度贸易的大部分份额。同时，葡萄牙还在摩鹿加群岛设立前哨站。1518年之前，葡萄牙一直掌控着沿非洲沿岸穿越印度洋抵达印度的航线和马六甲海峡。葡萄牙成功地在东方建立了带来巨额收益的商业帝国，西班牙虽对香料贸易觊觎已久，但无力插手其中。1494 年，经过教皇亚历山大六世的调解，葡萄牙与西班牙达成《托尔德西里亚斯条约》，该条约规定两国将共同垄断欧洲之外的世界，并特别将位于佛得角群岛以西 370 里格，大约位于西经 46°37′的南北经线，作为两国的势力分界线：分界线以西归西班牙，以东归葡萄牙。根据该条约，密克罗尼西亚包括马绍尔群岛归西班牙所有。西、葡两国分别于该年的 7 月 2 日和 9 月 5 日批准了该条约。这条分界线也被称为教皇子午线。

一　萨维德拉的初访

16 世纪初，西班牙与葡萄牙在香料群岛的归属问题上发生争端。在谈判破裂后，西班牙国王查理五世派遣舰队远征葡萄牙实际控制的香料群岛。1526 年，在远征香料群岛的途中，西班牙航海家阿隆索·德·萨拉查（Alonso de Salazar）偶然发现了马绍尔群岛，成为第一位"发现"该群岛的欧洲人。阿隆索·德·萨拉查把其新发现的群岛命名为圣巴尔托洛梅群岛（San Bartolomé）。由于未找到合适的停泊位置，阿隆索·德·萨拉查放弃了在马绍尔群岛登陆的尝试，自行离开。1529 年，西班牙国王派遣阿尔瓦罗·德·萨维德拉·瑟伦（Alvaro de Saavedra Ceron）率领由 115 名船员组成的舰队增援远征香料群岛的西班牙部队。萨维德拉在赶赴香料群岛的途中，发现了几个属于马绍尔群岛的岛屿。远征失败之后，在返航西班牙的途中，萨维德拉途经马绍尔群岛的北部，并把其发现的一些群岛命名为"Los Pintados"，西班牙语的字面含义是"绘画群岛"，这是由于他看到当地人大多喜欢文身。十天后，萨维德拉率领船员在西班牙人称为"洛斯渣甸"（Los Jardines）的地方登陆，据推测西班牙人所谓的"洛斯渣甸"应是今天的比基尼环礁与埃内韦塔克环礁。由于萨维德拉身染重病，萨维德拉和他手下的船员在马绍尔群岛停留了八天，以疗养休息和寻求补给。据萨维德拉率领的"佛罗里达"号的航行日志记载，西班牙人受到马绍尔群岛居民的热情款待。

虽然西班牙在与葡萄牙争夺香料群岛的战争中失败了，但是西班牙并没有放弃在东方寻找新的香料产地的企图。1542 年，路易·洛佩斯·德·维拉罗伯斯（Ruy López de Villalobos）率领由六艘帆船组成的舰队从墨西哥出发远征菲律宾，试图在东印度群岛开辟西班牙的殖民据点和寻找新的香料产地。在前往菲律宾的途中，维拉罗伯斯曾率船员在马绍尔群岛登陆，以寻求补给。维拉罗伯斯把其登陆的群岛命名为"珊瑚群岛"（Los Corales）。两周后，他们抵达马绍尔群岛的另一处环礁，并认为这一环礁应是萨维德拉所登陆的"洛斯渣甸"。随着香料价格在西班牙市场的不断上涨，西班牙急于在东方开辟新的香料产地。

1564 年，西班牙国王派遣西班牙征服者米格尔·洛佩斯·德·莱加斯皮（Miguel López de Legazpi）率舰队远赴菲律宾，以期在菲律宾寻找到出产香料的岛屿。在远征菲律宾的途中，莱加斯皮率领的舰队途经马绍尔群岛并在其附近停泊。其间，费利佩·德·撒塞特（Felipe de Salcedo）与奥古斯丁会教士乌尔达尼塔曾在马绍尔群岛登岸，并以国王的名义宣布马绍尔群岛为西班牙所占有。他们从马绍尔群岛带走了一些树枝和植被，以象征西班牙对马绍尔群岛的占有。在随后的几天里，他们在马绍尔群岛陆续发现了四处环礁，这些环礁尚无人居住。随后，西班牙当局派遣"圣赫罗尼莫"号运载补给品以及弹药增援莱加斯皮。在奔赴菲律宾的途中，洛佩·马丁发动兵变，与其同伙谋杀了船长，并夺取了"圣赫罗尼莫"号。"圣赫罗尼莫"号在洛佩·马丁的指挥下向西行驶抵达马绍尔群岛。在马绍尔群岛，他首先发现一处无人居住的岛链，接着又发现另一处岛链。在第二处岛链的海边，他们遇到了一些乘坐木舟且远远观望他们的土著居民。两天后，他发现了第三处岛链，并率船员登岸寻找食物和水。在岛上，他们受到土著居民的欢迎。7月6日，"圣赫罗尼莫"号抵达乌杰朗环礁。洛佩·马丁及其他船员在一个小岛登岸。在这个小岛上，他们发现了被遗弃的茅屋、水源以及椰子，决定在这个小岛上休整几天。在此期间，"圣赫罗尼莫"号再次发生兵变。叛变者夺取了"圣赫罗尼莫"号的控制权，驶离乌杰朗环礁，把洛佩·马丁及其他26名船员留在岛上。自此之后，马绍尔群岛再次陷入与世隔绝的状态之中。

二 马绍尔船长的再访

1788年，英国第一舰队押送700多名犯人抵达澳大利亚植物湾，建立了英国的第一块位于太平洋区域的殖民地。第一舰队由11艘舰船组成，其中就有后来"发现"马绍尔群岛的船长约翰·马绍尔驾驶的"斯卡马勒"号。在把罪犯押送到澳大利亚后，约翰·马绍尔驾驶"斯卡马勒"号前往广州购买货物以便回国售卖。在由澳大利亚驶往广州的途中，约翰·马绍尔发现了现在以他的名字命名的群岛——马绍尔群岛。马绍尔船长在拉塔克群岛的米利环礁登陆，迎接他的是一群驾舟而来的土著人。在一位灰胡子老者吟诵了一组咒语以确保土著人不会受到伤害后，这群土著人登上了

"斯卡马勒"号的甲板，随后土著人与英国人进行了轻松且友善的交易。在交易过程中，虽然有些土著人不慎被挤落入水，但是，他们很快返回"斯卡马勒"号继续交易或者继续游览，并未对英国人产生敌意和怨恨。在 6 月的最后一周，马绍尔船长陆续发现了阿尔诺环礁、马朱罗环礁、奥尔环礁、马洛埃拉普环礁、沃杰环礁、艾卢克环礁，但是马绍尔船长并没有继续与土著人展开交易。除了英国航海家塞缪尔·瓦利斯在 1767 年驶经太平洋时偶然观测到马绍尔群岛中的两个岛屿外，这是两个多世纪以来欧洲人第一次造访马绍尔群岛，马绍尔群岛的地理位置才被重新确定。

马绍尔船长开创性地驶经密克罗尼西亚的东部前往中国，这一创举使他开辟了一条从澳大利亚驶往中国的新航线即"外航线"，"外航线"被公认为优于经由帕劳前往中国的"内航线"。"外航线"上的风险要小于"内航线"，因此，在随后的日子里，英国船只多采用"外航线"穿越太平洋，这使得英国人得以造访和重新发现了密克罗尼西亚东部的很多岛屿。

采用"外航线"经由加罗林群岛东部和马绍尔群岛前往中国与印度的商船一直在观测和用图表记录 16 世纪之后以及当时未被发现的岛屿。在沿"外航线"航行时，"皇家海军上将"号的船长亨利·邦德在 1792 年发现了马绍尔群岛西部岛链上的纳莫里克环礁与纳穆环礁。1797 年，"大不列颠"号造访了纳穆环礁，并发现了基利岛、艾林拉帕拉普环礁和利布岛。"沃波尔"号与"猎人"号分别于 1794 年和 1798 年发现了埃内韦塔克环礁，而"罗拉"号与"伊丽莎白"号分别于 1803 年和 1809 年发现了贾卢伊特环礁和其他岛屿。"海洋"号在 1804 年发现了乌贾环礁和夸贾林环礁。"普罗维登斯"号在 1811 年再次到达乌杰朗环礁。

三　科策布的到来

在欧洲人于 18 世纪末 19 世纪初重新"发现"太平洋群岛之后，欧洲的水文地理测量者发现他们面对的群岛名称和有关它们地理位置的信息庞杂而混乱，他们急切地希望重新整理这些信息，以确认其真实性和精确度。当时发现太平洋群岛的商船船长随意地为这些新发现的岛屿命名，而从不加以核实。这些商船船长希望通过命名这些群岛使他们自己、他们的朋友或者他们的商船流芳百世，他们的这种渴望远远超越了他们对历史完整性和信息准确性的尊重。作为商船的船长，他们有自己的事情需要打理，因此，编辑这些船长记录下的信息和出版精确的海图就成了其他人的职责。在位于欧洲的办公室中，具有奉献精神的水文地理测量者如罗伯森、史蒂文斯和克鲁辛斯特恩做了大量的工作来消除有关太平洋群岛的信息中的错误之处，并识别岛屿和确认它们的地理位置。但是，这一任务远远超出了他们的能力范围。在航海者获得可靠的海图之前，大量水文测量工作需要完成，而这一工作是无法在位于伦敦的办公室里完成的，只能由拥有相应工具和时间的船长驾船前往太平洋群岛测量。

法国与俄国在 1815～1840 年展开的探索太平洋的远洋探险为进行这项工作提供了时机。虽然这些远洋航行的主要目的是开展科学实验，但是，这些远航的指挥官收到了探索某些太平洋群岛的指令，这其中就包括密克罗尼西亚。19 世纪的伟大探险家库克、温哥华、布干维尔和拉比鲁兹曾经横穿太平洋，他们不仅发现了许多太平洋群岛，而且生动地记录和描述了太平洋群岛上的土著居民和他们的文化。他们对欧洲人认知太平洋群岛做出了重大的贡献，并且为后来的探险家设定了较高的勘测标准，但是，他们都曾遗漏了某些群岛。这些探险家在太平洋上的发现刺激和激励了欧洲各国对太平洋区域的探险。

随着拿破仑战争的终结，法国重新致力于实现其民族诉求：加深对未知世界的理解，传播法国文化，以及广纳财源。法国在科学探险领域有着极高的声誉，而这一声誉需要实际的行动来维持，同时，法国也有巨额战争债务需要偿还。19世纪，俄国也产生了进行远洋探险的兴趣，并且在太平洋获得了商业利益。在利润和科学激情的双重刺激之下，法国与俄国发起了对太平洋的一系列的探险活动，这些探险活动几乎探测到了密克罗尼西亚的全部岛屿，并使得欧洲人绘制的关于太平洋群岛的地图更加精确和清晰。

1813年，奥托·冯·科策布带着寻找连接白令海与大西洋的东北航道的使命驾驶着双桅横帆船从俄国启程，在这次探险活动中，他还有另外一个重要使命，就是利用冬季的时间探索当时鲜为人知的马绍尔群岛。在1817年前三个月里，他造访了拉塔克群岛，并开展了探索马绍尔群岛的一系列活动。同年，在他启程归航返回喀琅施塔得之前，他又短暂造访了马绍尔群岛。八年后，奥托·冯·科策布重返太平洋开展探险活动。在向堪察加半岛运送货物和开展科学实验之余，他分别于1824年和1825年两次造访了马绍尔群岛，并在马绍尔群岛待了几个星期。

从文化意义上来说，当科策布于1817年访问马绍尔群岛时，马绍尔群岛仍然是一片未受到外来文化影响的处女地。马绍尔群岛居民向科策布讲述了外来船只经过马绍尔群岛的故事，并向科策布展示了一些铁屑。这些铁屑大概是他们从被冲刷到岸上的浮木上获得的。除此之外，他们未受到欧洲人的任何影响。科策布通过向当

地人赠送一些铁制品来消除他们对外来陌生人的恐惧，并借此赢得了当地人的友谊。很快，科策布便与当地人和睦相处，科策布无论走到马绍尔群岛的哪个地方，都受到当地人的欢迎。

科策布赠送给当地人的刀子和短柄斧很快便不能满足当地人的需要，因此，他决定在马绍尔群岛建造锻铁炉，为当地人锻造鱼钩和鱼叉。科策布赠送给当地人一些山羊和猪，并传授给当地人饲养山羊和猪的方法。在此之前，当地人饲养的只是一些飞禽，其目的是获得飞禽的羽毛，而不是它们的肉。同时，当地人偶尔以岛上老鼠为食物。为解决鼠患问题，科策布把一些猫赠送给了当地人。狗也是在这一时期由科策布引入马绍尔群岛的。由于马绍尔群岛不时爆发间歇性饥荒，马绍尔群岛居民不得不通过杀婴来控制岛上居民的数量。在发现这一现象后，科策布决定引入新的农作物以避免饥荒的发生。他命令他的一个下属在岛上开辟一个菜园，他在滞留马绍尔群岛期间悉心打理菜园，当他返航回国时，他把菜园交给了当地人，并给当地人留下了一些种子和插枝。尽管遭遇到了鼠患，但是马绍尔人把菜园打理得不错。当八年后科策布重返马绍尔群岛时，他在欢迎他到来的宴席上使用了当地人用木头制作的勺子，并吃到了他引入群岛的山芋。他同时获悉，他在第一次访问马绍尔群岛期间留在沃杰环礁的山羊和猪得到岛民的精心饲养，虽然这些山羊和猪曾经被奥尔环礁的酋长霸占了一段时间。

科策布很快意识到，他赠送给当地朋友的礼物并不能在他们的手中留存多长时间。他留给沃杰环礁居民的铁器和家畜很快就被其他环礁的酋长霸占。马绍尔群岛的酋长拥有最高权力，掌控着土地使用权、资源利用与分配权，有权调解村落间的冲突，并对其所统治的岛屿上的所有财产拥有所有权。在这些酋长中最有权势的当属奥尔环礁的酋长拉马利，他征服了奥尔环礁附近的岛屿，并在拉塔克群岛的北部建立起个人的统治。在科策布访问马绍尔群岛期间，拉马利酋长正在为征服马朱罗环礁和南部的一些岛礁而筹备力量，他邀请科策布参与这次远征。由于时间紧迫且返航在即，科策布并没有接受拉马利酋长的邀请，但是，他赠送给拉马利酋长一些爪勾和长矛以备海战之用。八年后，他重返马绍尔群岛时获知，他赠送给拉马利酋长的爪勾和长矛并没有在战争中起到决定性的作用，起到决定性作用的反而是他赠送给马绍尔群岛居民的短柄斧。拉马利酋长的士兵把短柄斧绑到长杆上作为武器使用，他们在战争中挥舞短柄斧攻击敌人，从未见过短柄斧的敌方感受到了前所未有的恐惧。巨大的成功极大地增强了拉马利酋长的征服欲望，在科策布第二次访问马绍尔群岛期间，拉马利酋长正在筹划征服拉利克群岛。

四 传教士与商人的渗透

早在科策布第二次访问马绍尔群岛之时，马绍尔人与西方的关系便恶化。自19世纪30年代之后，马绍尔人便一直不断地攻击路过的船只和在马绍尔群岛登陆的西方人，由此马绍尔群岛被西方人视为危险之地。但是，美国海外传教委员会并没有因此而取消前往马绍尔群岛传教的计划。自从美国传教士在波纳佩岛和科斯雷岛建立传教士前哨站的第一天起，他们便把向人口更多的马绍尔群岛传教作为目标。1857年，美国传教士皮尔森、爱德华·多恩和宾汉姆乘坐"晨星"号前往马绍尔群岛，并在伊波地区建立传教士前哨站。随后，美国传教士在马绍尔群岛上修建教堂和学校，传播基督教、普及知识，逐渐改变了当地居民的宗教信仰和生活方式。

传教士往往是商人的先驱。在皮尔森和爱德华·多恩进入马绍尔群岛传教一年多之后，第一批西方贸易商开始涌入马绍尔群岛收购椰子油。在此之前的许多年里，一些捕鲸船的船长一直同马绍尔群岛居民进行椰子油贸易，增加额外收入。但是，这些船长仅把椰子油贸易视为副业，不敢尝试进入马绍尔群岛居住，并未长期固定地开展椰子油贸易。1859年初，两名打算长期在马绍尔群岛居住并开展椰子油贸易的贸易商乘坐德国商船"普法伊尔"号抵达埃邦环礁。其中一名贸易商就是在马绍尔群岛建立第一个大规模贸易公司的阿道夫·卡佩勒。此后，"普法伊尔"号频繁造访埃邦环礁，帮助德国贸易商建贸易站，并在1861年运来了组建小型椰子油萃取设施所需的设备。这一事件不仅标志着西方商人在马绍尔群岛建立了第一块殖民地，而且标志着密克罗尼西亚地区进入了椰干贸易的时代。

虽然数世纪以来，太平洋群岛的居民一直从椰子肉中萃取椰子油用于烹饪或制作药膏，但是西方人直到大约1840年才认识到椰子油的商业价值，因为直到1840年西方人利用椰子油生产肥皂和蜡烛的技术才趋于成熟。自19世纪中期开始，西方对椰子油的需求就一直不断增长，西方市场上的椰子油价格同样不断上涨。在19世纪70年代之前，椰子油贸易一直是南太平洋经贸往来的最基本构成部分，也是太平洋群岛经济的主要支柱。

进入埃邦环礁后不久，雄心勃勃的阿道夫·卡佩勒和他的同事便制定了建造椰子油萃取设备的庞大计划，根据这一计划，阿道夫·卡佩勒和他的同事建造的椰子油萃取设备可以加工埃邦环礁和该环礁北方一些岛礁所生产的全部椰子肉。但是，在19世纪60年代，阿道夫·卡佩勒所供职的德国公司在生意上遭受了极大的损失，被迫撤离马绍尔群岛。随后，阿道夫·卡佩勒和安东·迪布伦组建了 A. 卡佩勒公司，与此同时，一些贸易商开始逐渐进入马绍尔群岛开展贸易。在竞争对手的竞争压力之下，卡佩勒的公司依然取得了初步的成功，公司的利润在 19 世纪 60 年代晚期一直稳定上升。进入 70 年代，一些德国公司开始进入马绍尔群岛开展业务。但是，激烈的竞争并没有阻止卡佩勒扩展其贸易规模的步伐。他同德国公司杰弗里·森（Godeffroy & Son）达成向其供应 A. 卡佩勒公司所采购的一切椰子油和椰干的协议，并在 1873 年将公司总部迁往逐渐成为马绍尔群岛商业中心的贾卢伊特岛。在 70 年代之前卡佩勒公司的贸易船已增加至八艘，代理商入驻拉塔克群岛和拉利克群岛的南部，并在加罗林群岛的所有岛屿上开设了贸易站。可以说，有传教士（不论这个传教士是白人还是土著人）活动的地区，就有阿道夫·卡佩勒的代理商。由此，阿道夫·卡佩勒在马绍尔群岛建立了第一批大规模的贸易公司。

第三节　德国在马绍尔群岛的殖民统治

1878 年，德国海军船长维尔纳与拉利克群岛的岛民签订条约，德国获得了在马绍尔群岛的贸易特权。该条约规定马绍尔群岛酋长确保居住在马绍尔群岛上的德国公民的权利不受侵犯，并给予了德国在马绍尔群岛西部的"最惠国待遇"，这一"最惠国待遇"包括自由进出贾卢伊特岛、在贾卢伊特岛开设装煤站，以及使用马绍尔群岛任何港口的权利。同时，该条约把解决德国贸易商与当地居民纠纷的实际权力赋予了德国政府，德国的利益凌驾于当地酋长的特权之上。该条约是德国政治干涉马绍尔群岛的第一步，并最终导致

了德国对马绍尔群岛的吞并。

德国在 1871 年统一之后，迅速跃升为欧洲一流强国。借助于不断上升的民族主义情绪，德国开始在世界范围内开疆拓土，建立势力范围和殖民地。德国在海外开辟殖民地的时间远远落后于老牌殖民强国法国、英国和西班牙，但是在 19 世纪 70 年代之前，它就已经在太平洋建立了贸易霸权。德国商人控制了汤加和萨摩亚80% 以上的海外贸易份额，在加罗林群岛和马绍尔群岛，德国商人控制了同样比重的海外贸易份额。爱德华·海恩斯海姆和其他主要德国公司的领导人呼吁德国政府吞并德国在其中占有贸易优势的太平洋群岛。起初，全心关注欧洲事务的德国首相俾斯麦并不理会他们的请求，但是在 19 世纪 70 年代之前，他实施了一系列积极的对太平洋群岛的政策。德国政府于 1878 年先后与埃利斯群岛、吉尔伯特群岛、约克公爵群岛和马绍尔群岛的酋长签订了一系列条约，这些条约赋予德国贸易特权，并允许德国在这些群岛开设装煤站。虽然德国在马绍尔群岛取得了一系列特权，但是，碍于英国在太平洋地区的强大存在，它并不敢在不经英国允许的情况下擅自吞并马绍尔群岛。1876 年，德国与英国达成了划分势力范围的协议，根据该协议，俾斯麦群岛、新几内亚的一部分和北太平洋区域是德国的势力范围，而南太平洋区域则是英国的势力范围。随着该协议的达成，英国撤离了马绍尔群岛，德国获得了对马绍尔群岛的实际控制权。

随着德国在太平洋区域贸易优势的扩大，海恩斯海姆和其他商人进一步向德国政府施加压力，要求德国政府吞并马绍尔群岛以保护德国商人的利益。俾斯麦转向英国寻求其对德国吞并马绍尔群岛政策的支持，英国与德国又一次就殖民政策达成了协议。1885 年 4

月，英国正式支持德国吞并马绍尔群岛，以换取德国对英国太平洋殖民政策的支持。在英国的支持下，德国于 1886 年正式吞并了马绍尔群岛，马绍尔群岛沦为德国的保护领地。由于德国与马绍尔群岛相距遥远，为避免高昂的行政负担，德国政府委托贾卢伊特公司代为治理马绍尔群岛，贾卢伊特公司成为治理马绍尔群岛的实际实体。

借助美西战争，德国进一步扩展了其在太平洋地区的殖民地和势力范围。1898 年，美西战争爆发，西班牙战败。德国利用西班牙处于内外交困之窘境的机会，向西班牙抛出购买其在密克罗尼西亚的殖民地的协议。由于急需钱财，西班牙迫不及待地与德国签署了售卖殖民地的协议，德国由此获得了对乌杰朗环礁和埃内韦塔克环礁的所有权，进一步扩大了其在马绍尔群岛的领土范围。1906 年，德国政府正式取消了贾卢伊特公司对马绍尔群岛的管辖权，开始对马绍尔群岛实施直接统治。德国政府在贾卢伊特岛建造了办公场所，任命了管理马绍尔群岛的政务专员。

在沦为德国的保护领地之前，马绍尔群岛在西方文明的影响下就已经开启了现代化的进程。马绍尔群岛居民对西方文明秉持开放与包容的心态，促进了马绍尔群岛社会的发展和进步，外部力量在马绍尔群岛社会发展和进步中起到的作用微乎其微。因此，在德国统治马绍尔群岛期间，德国政府在马绍尔群岛社会发展中的作用非常小，德国政府提供了一些基础服务，但是，它把其他的社会管理任务转让给公司和教堂来承担。这些公司和教堂成为推动马绍尔群岛社会进步的主要力量。在马绍尔群岛，德国当局从不费心去实施诸如建造公路和港口的公共工程计划。因此，当德国政府终止贾卢伊特公司对马绍尔群岛的治理权，并把马绍尔群岛合并到密克罗尼西亚进行治理时，马绍尔群岛居民的生活未受任何影响。行政管理权力的转移带来的主要影响仅是行政首长名称的变化，即由原来的高级专员变为政务专员。

在德国统治马绍尔群岛期间，马绍尔群岛变化最大的当属宗教领域。随着德国政府在马绍尔群岛统治地位的确立，天主教开始渗入马绍尔群岛，并改变了马绍尔群岛宗教力量的对比。德国圣心传教会最初于1899年抵达贾卢伊特岛，三年后，一些德国修女追随他们的脚步来到马绍尔群岛。截至1906年，活跃于马绍尔群岛的天主教传教士已增加至20人，同时，天主教在利基普环礁和阿尔诺环礁开始建造天主教教堂。天主教力量的增强对当地教会构成了威胁。在天主教进入马绍尔群岛之前，当地居民普遍信奉新教。新教的影响在马绍尔群岛根深蒂固，因此，天主教的传播虽然改变了一些当地人的信仰，但是皈依者并不多。

虽然没有受到当地人的追随，但是，天主教会在创办和运作学校方面取得了很大的成功。天主教会以德国的公立小学为样板创建了教会学校，提供六至八年学制的教育，并教授关于德语的基础知识。天主教传教士与修女在教会学校中担任教师。虽然新教创建的三年制教会学校数量众多，且分布于马绍尔群岛的大部分村庄，但是，天主教会在教育领域取得的成绩很快就使新教黯然失色。天主教教会学校的规模较小，每年招生20~30人，且大部分学生是寄宿生，但是它的招生对象仅限富贵人士的子女——欧洲人或地位最高的酋长的子女。虽然宗教竞争妨碍了天主教教会学校在利基普环礁和阿尔诺环礁的进一步扩展，但是天主教创建的圣心小学赢得了"德属密克罗尼西亚最好的学校"的声誉，并把它在贾卢伊特岛的招生规模扩大至80人。平民大众开始把子女送到天主教教会学校，因此，天主教教会学校中本土学生的数量开始超越了欧洲学生的数量。尽管天主教会在教育领域取得了巨大的成就，但是，鲜有当地人因此而皈依天主教会。天主教会取得的主要成就是在马绍尔群岛获得了天主教的传教点，并赢得了新教徒的尊敬。

在德国统治期间，马绍尔群岛曾遭受自然灾害的侵袭。1905年6月，飓风和海啸袭击了马绍尔群岛的南部岛礁，夷平了贾卢伊特环礁上的所有建筑，并导致大约200人死亡。正如密克罗尼西亚的其他地区一样，马绍尔群岛居民也遭受到了欧洲人带入的疾病的威胁。1907年，流行性痢疾在埃邦环礁造成150人死亡；次年，400多名马绍尔群岛居民因流行性痢疾而丧命。在德国吞并马绍尔群岛之前，马绍尔群岛有居民13000~15000人，但因受欧洲人带入的疾病的侵害，马绍尔群岛的人口在1908年降至9200人。

德国政府解除贾卢伊特公司对马绍尔群岛地区的管辖权，并未影响马绍尔群岛地区的商业，马绍尔群岛地区的商业依旧繁荣。虽然密克罗尼西亚其他地区的椰干贸易萎靡不振，但是马绍尔群岛的椰干贸易依旧繁荣。马绍尔群岛每年出口3600吨椰干，市值80万马克。马绍尔群岛的贸易出口额是密克罗尼西亚其他地区贸易出口总额的两倍。虽然贾卢伊特公司大力拓展其在瑙鲁的磷矿业务，但是它依旧维持着它在密克罗尼西亚建立的贸易网络。贾卢伊特公司在马绍尔群岛地区的贸易垄断权被打破之后，其他的竞争者也尝试进入马绍尔群岛，但是贾卢伊特公司依然垄断椰干贸易的大部分份额。

1912年，为拓展业务，贾卢伊特公司的分公司——马绍尔种植业集团曾委托代表考察马绍尔群岛的北部地区，以购置岛礁开辟椰子种植园。在考察北部岛礁之后，该公司与当地酋长协商购买比

基尼、朗格拉普等环礁开辟种植园，但是，当地酋长的要价大大超过了该公司的承受能力，由此导致其扩张计划的流产，然而这一计划却得到德属新几内亚总督哈尔的响应。在哈尔的推动之下，德国当局在1914年制订了征用岛礁开辟种植园的计划。根据该计划，德国当局将征用比基尼、朗格拉普等环礁，并重新安置所征用环礁上的居民。哈尔总督试图通过该计划打破当地酋长对土地的垄断和推动马绍尔群岛经济的发展，以确保德国的商业利益不受竞争对手——日本与澳大利亚的损害。但是，第一次世界大战的爆发打乱了哈尔的计划。

第四节　日本殖民统治下的马绍尔群岛

1914年8月，日本向德国宣战，并出兵攻占了其觊觎已久的密克罗尼西亚地区。1917年国际联盟授予日本前德属殖民地密克罗尼西亚"C"级托管权，并要求日本做到以下三点：（1）托管地非武装化；（2）保护并发展托管地居民的物质与精神福利；（3）向国际联盟提交有关托管地的年度报告。

一　殖民初期的民政管理

托管初期，日本当局依据德国的治理经验在密克罗尼西亚地区建立了间接统治的管理模式。在托管期间，日本当局利用当地劳工改良托管地的基础设施（道路、港口、行政办公大楼、学校），并在1915年12月建立了公共教育体系。但是，日本当局为土著居民的子女和日裔子女分别开设了不同的学校，分开授课。面向土著居民子女的学校提供三年义务教育，但是，优秀的学生可能会被额外给予两年的延长教育期限。日本当局要求年龄在8～15岁的学生必须接受教育。1936年，日本当局另外开设了14所教会学校，以弥补公立学校数量上的不足。在日本统治期间，马绍尔群岛的行政中心位于贾卢伊特岛，整个马绍尔群岛被称为贾卢伊特行政区。因为并不是每一个环礁都设有学校，所以学校的出勤率受到交通条件和环礁人口容量的影响。对马绍尔群岛居民来说，日本当局提供的教育的价值是很低的。对少数人来说，教育（即熟练掌握日语）是改善生活的良好手段，接受教育使得他们获得了更多的就业机会、更高的工资和更好的物质福利。马绍尔群岛的公立学校教授日语、算数、地理、科学、美术、音乐、体操、手工艺、农学和家政学。但是，学校半数的教学时间（每周十二小时）被用于教授日语。

日本当局提供的义务教育影响了当地传统的社会等级结构，平民获得了改善生活和提高社会地位的技能和机会。优秀的学生在毕业后成为教师、警察或者日本人开设的公司的雇员。日本当局制定的"法律平等"政策和普及的义务教育打破了当地的社会等级结构，这一等级结构在德国统治期间就已形成。

依据德国的治理模式，日本行政当局禁止当地人出售土地给外国人，禁止马绍尔群岛岛民在未获得日本当局许可的情况下转让、买卖或者抵押土地。当地酋长依然维持着传统的权力，向当地居民征收人头税。但是，日本当局逐渐地改变了其统治初期的治理模式，这一变化严重影响了当地酋长的传统权威和社会地位。

根据日本行政当局为马绍尔群岛岛民制定的法律，平民与酋长在法律上是平等的，这一原则与当地社会的传统等级结构截然相反，并与之冲突。平民与酋长法律地位的平等意味着，酋长如违反法律将会像违法的平民一样受到处罚，而且，酋长的犯罪行为将会受到公开的谴责。1922年日本当局政策的转变导致酋长权威的下降。虽然在1922年之前，日本当局通过当地酋长实施"间接统治"，但1922年之后，日本当局通过他们指定的人选进行直接统治。根据《村落政府官员管理条例》，每一个村落将拥有一位村长和一位组长，他们的职责是向村民传达日本当局发布的政令，记录村落的人口出生与死亡情况并上报政府。虽然村长与组长的职责是相同的，但是，组长在行政级别上低于村长，且服从村长的领导。任何违反政令的村民将会受到日本当局的处罚（常常由警察实施），因此，村民不得不服从日本当局制定的管理条例，即使这些条例和当地酋长的治理规则相冲突。

随后，日本当局颁布政令禁止平民向酋长进贡，这进一步削弱了酋长的传统权威。同时，当地商品经济的发展改变了平民与酋长的传统关系，引致当地朝贡体系的变革。之前，酋长负责分配土地的产出——酋长往往占据土地产出的最好的和初熟的果实，剩余的则分配给平民。一旦土地产出的数量发生变化，再加上许多消费品在市场上可以买到，以及当地人更多是生产椰干而不是种植农作物，那么平民就没有多少农产品交给酋长去分配，因此，平民逐渐地只向酋长进贡土地产出的初熟的果实，以确认酋长对土地产出的权利。他们不再依赖酋长分配土地的产出。因此，传统的朝贡就变成了贡献礼物，而不再是一项义务。虽然朝贡体系发生变革，但是，在平民向酋长进贡礼物时，酋长仍需回赠罐头食品、大米、饼干和面包。因为人们不再让酋长分配他们生产的农产品，所以，酋长把所有进献给他的贡品当作礼物。为获得大众的支持，酋长们往往会回赠礼物，然后设盛宴款待同部落的族人。自1925

年起，日本当局开始禁止在贾卢伊特岛实行朝贡。虽然朝贡的终止意在消除酋长的负担，但也最终摧毁了酋长与族人交易与互惠的传统手段。

日本当局同样认可了酋长在货币经济中职责的变化，并规定酋长应负担当地人的医疗费用。根据马绍尔群岛的传统习俗，酋长对土著居民的福利负有责任，而酋长负担医疗费用的规定则正是引申自这一传统习俗。随着进出贾卢伊特岛交通条件的改善，在贾卢伊特岛上的医院就医的病人数量剧增。因为前往贾卢伊特岛就医的人员数量众多，且酋长的负担过重，所以酋长有时拒绝支付医疗费用。酋长支付医疗费用的方式有点类似于现代的医疗保险制度，他们会在病人接受治疗之前，向看病的人员颁发保证支付费用的证明。20 世纪 20 年代末，在经过协商之后，酋长同意为在家乡治病或在其他较小的四个医院治病的人员支付一半的医疗费用，从而减少了前往贾卢伊特岛看病的人员的数量。日本当局打破传统社会等级结构的政策，使得氏族社会的封建义务渐渐成为酋长的负担。

在日本统治马绍尔群岛期间，酋长职责的另一个变化，是他们需为与他们一同乘坐日本船只的家人和同部落成员支付旅费。款待亲属本是酋长的传统职责，但是在日本船只控制了各岛礁之间的交通线路之后，酋长款待亲属的职责扩大为有义务为同部落成员支付旅费。尽管如此，普通民众并不乐意酋长为他们支付费用，因为接受酋长施予的恩惠，往往意味着平民有义务向酋长进贡或者向酋长提供劳役。因此，在大多数情况下，普通民众会自己支付交通费用。

虽然酋长仍然控制着土地，但是日本当局政策的变化使得酋长丧失了很多政治与经济特权。日本当局规定的酋长的经济义务使得许多酋长入不敷出。很多酋长逐渐进入日本的统治机构任职，服从日本人的领导，为日本的统治服务，这使得他们逐渐丧失了平民的尊重。酋长已经失去了他们原本拥有的绝对权威，并服从日本当局的管辖和接受日本法律的约束。酋长的特权地位也已不复存在，在日本当局制定的法律面前与平民地位平等。由此，酋长丧失了在政治与经济领域的影响，逐渐演变为无任何政治与经济权力的有名无实的领导。

日本当局打破了马绍尔群岛原有的社会结构，促进了马绍尔群岛经济的货币化，推动了当地商品经济的发展。平民获得了与酋长平等的法律地位。马绍尔群岛居民获得了受教育和就业的机会，而且在有些时候，普通民众拥有比酋长更多的权力。自德国统治马绍尔群岛开始，马绍尔群岛的土地更多是用来种植椰子、生产椰干。

二 殖民后期的军事统治

随着战争的临近，日本再一次改变其在马绍尔群岛的统治政策，力图把马绍尔群岛打造成其在太平洋地区的军事基地，为其在太平洋区域的领土扩张服务。1931 年，日本发动九一八事变，占领中国东北。日本的侵略行径遭到西方国家的谴责。1933 年，日本宣布退出国际联盟。1935 年，日本正式退出国际联盟。1937 年，日本制造七七事变，正式开启全面侵华战争。随着战事的发展，日本断然改变了它以往的殖民政策，致力于全面加强马绍尔群岛的防御，并视马绍尔群岛为入侵新几内亚和东南亚等地区的跳板。20世纪 30 年代末期，随着远程轰炸机的发展，马绍尔群岛成为日本停靠远程轰炸机和攻占英国与美国在太平洋中部地区战略据点的重要基地。

1939 年，在对马绍尔群岛进行军事考察之后，日本海军战略家把米利岛、贾卢伊特岛、马洛埃拉普岛、沃杰岛和夸贾林岛选定为军事基地，铺设飞机跑道和建设机场。因战况紧迫，且缺少修建军事基地的重型设备如推土机，日本于 1939 年制定了"战时人力动员法"，在马绍尔群岛强征了大量劳工修建军事基地。1941 年，所有的军事基地正式投入使用。日本人完善了岛礁上的港口设施：更新发电机、建造水箱、扩大码头和安装导航设备。日本人在马绍尔群岛建立了纵贯南北的军事防御战线，并在夸贾林环礁设立了战区指挥部，由海军上将指挥。在日本人的军事计划中，马绍尔群岛上的军事基地是日军发动进攻的平台，因此，日本人并不关注军事基地的建筑质量。轰炸机从夸贾林环礁的机场起飞轰炸复活节岛，然后先头突击部队由夸贾林环礁出发攻占复活节岛；部署在贾卢伊特岛上的部队则负责攻占塔拉瓦、吉尔伯特群岛的马金岛、瑙鲁以及大洋岛（现称"巴纳巴岛"）；驶自马朱罗的一队飞艇负责攻击豪兰岛。

1941 年 12 月 7 日，日本海军偷袭美国太平洋上的海军基地珍珠港，同时在西太平洋对马来亚、新加坡、印度尼西亚、缅甸和菲律宾等地发动攻击。珍珠港事件后，日本迅速进攻太平洋区域内美国、英国、荷兰的殖民地。当时英国和荷兰流亡政府已和纳粹德国交战多年，耗损甚大，难以组织有效的抵抗，加上日军在远东地区拥有军事优势，日本在短时间内攻取了马来亚、荷属东印度、菲律宾、新几内亚、所罗门群岛等地，占领了太平洋约四分之一强的地域。但是，在经受了 1942 年 6 月中途岛海战的惨败后，日军失去了战争初期在太平洋上的制海权和制空权，也失去了战略主动，被迫停止了战略进攻，放弃或推迟了对斐济、萨摩亚和新喀里多尼亚等地的进攻。随后发生的瓜达尔卡纳尔岛战役终结了日本的扩张企图，日军在太平洋区域陷入被动挨打的局面，同盟国获得明显优势。

第五节　美国对马绍尔群岛的托管

1943 年 11 月，战火波及马绍尔群岛，是年，美军派出 B – 24 型轰炸机对米利环礁进行密集轰炸，随后占领了马绍尔群岛的其他环礁：马洛埃拉普环礁、贾卢伊特环礁、沃杰环礁和夸贾林环礁。在占领了马绍尔群岛之后，美军在马朱罗环礁建立了行政总部，太平洋舰队司令制定了暂时治理马绍尔群岛的管理措施。1944 年 6 月，海军上将尼米兹向马绍尔群岛岛民发布了美国海军的第一个公告，要求马绍尔群岛岛民与美军合作，并做出确保马绍尔群岛和平的承诺。

1947 年，联合国委托美国管理太平洋岛屿托管地，美国政府主要负责托管地的民事行政。托管协议的第六和第七条具体规定了美国在托管地应负的职责：美国政府应致力于促进托管地政治制度的发展，提升托管地居民的经济、教育和社会的发展水平，鼓励自治。不同于其他的托管协议，太平洋岛屿托管地被规定为"战略托管地"。这一规定意味着，太平洋岛屿托管地受联合国安全理事会管辖，而不属于联合国大会的管辖范围；管理当局应同意任何终止托管的终止日期；最重要的是，美国被允许在托管地驻扎武装力量、建造防御工事和因安全需要而封锁托管地。

一　美国对马绍尔群岛政治制度的改造

为管理马绍尔群岛，美国沿用和改良了原有的行政模式和政治体系。美国保留了许多原有政治体系的行政职位（如地方行政长官、抄写员、村长和警察）和管理机构。美国政府在马绍尔群岛成立环礁委员会，该委员会由当选的地方行政长官与抄写员、村长和各环礁的组长组成，其主要职责是任命警察。

在马朱罗环礁，酋长仍然掌控着很大的政治权力。地方行政长官由酋长充任，其他的行政职位对平民开放，平民能否担任这些职务取决于他们的能力。1947 年，马朱罗环礁委员会有 135 位成员，其中 13 位是酋长。美国力图用这一行政体系取代马绍尔群岛原有的等级体系，由占据高级行政职位的人实施领导，而不是由酋长领导民众。通过建立原住民环礁委员会和法庭，美国把民主制度引入了马绍尔群岛，由此，平民获得了在选举中击败酋长以获取领导职位的机会。美国当局利用平民对传统等级制度的不满，力图消除酋长的传统影响和弱化酋长的权势。

美国当局的政策和活动加剧了马朱罗环礁的平民与酋长之间的政治对立。但是，即使美国当局力图弱化酋长的传统影响，且赋予平民一定的政治权利，但是其仍需借助与酋长的合作使美国在马绍尔群岛的利益合法化。

在马朱罗环礁的政治对立中，朗格兰领导的多数派掌控着地方行政长官、抄写员和村长等关键性的职位。但是，吉田姆领导的少数派在农村获得了强大的支持。作为少数派的领袖，吉田姆并没有继承传统最高大酋长职位的资格，这一点削弱了他的政治影响。美军占领马绍尔群岛时，莱雷科担任最高大酋长，在德国吞并马绍尔群岛之前，他一直统治着马朱罗环礁。美军的到来加剧了朗格兰领导的多数派与吉田姆领导的少数派之间的对立。两派为获得美国政府的关注和资金而展开竞争，他们争相宴请美国政府的高官、争夺政府职务和管理各自的商店。虽然两派的竞争波及范围很广，但是两派的竞争并没有表面化。两位领袖仍然保持着友谊，且不时拜访对方，他们从未以武力威胁彼此，也从未设想过分裂马绍尔群岛。

美国把马朱罗选定为新的行政中心的做法也加剧了两派的对立。无论哪一派获得美国政府的认可，即意味着在环礁委员会获得更多的席位和更多的政治经济权力。

在马朱罗环礁，美国当局对两派政治势力一视同仁，这既使美国当局获益匪浅，也使少数派政治势力获益匪浅。在保持政治势力平衡的名义下，美国当局既可以雇用多数派中贵族出身的领导人，也可以雇用少数派中平民出身的领导人。

美国当局先后召开了酋长大会以及地方行政长官与抄写员大会，其意图是进一步保护托管地的习俗，并通过设立制度化酋长特权的两院制立法机构，争取酋长对美国当局的支持。在建立马绍尔群岛立法机构的过程中，酋长的利益得到体现和维护。

在第一次酋长会议中，任何前来参会且自称为酋长的人都被接纳与会。虽然美国当局制定了防止平民冒称酋长的措施，但是平民冒称酋长的事情并未发生。因为根据习俗，平民从不挑战酋长的权威和僭冒酋长的头衔。

1948 年，马朱罗环礁的地方行政长官与抄写员聚集在一起研讨事关整个马绍尔群岛的事宜。次年，第二次酋长会议召开，各个环礁都派代表参加了这次会议。虽然马朱罗环礁的酋长得到了美国当局的认可，但是，他们并未被授予任何官方职位。1950 年，马绍尔群岛国会召开第一次会议，国会实行两院制，上院由酋长组成，下院由民选代表组成。在所有的太平洋岛屿托管地中，只有马绍尔群岛的酋长拒绝放弃立法机构的职位。

美国军方在与国务院和内政部进行了多年争论之后，最终在1951 年把托管地的管辖权移交给内政部。

马绍尔群岛的国会由大酋长委员会和众议院组成，在 1956 年，众议院由 42 名民选代表组成，大酋长委员会则有 28 名酋长。大酋长委员会的议员与众议院议员的区别是相当明显的。众议院的民选代表往往受过良好的教育、有着广泛的阅历、熟练掌握英语，且熟悉美式政治制度的运作过程。他们往往比较年轻、崇奉盛行于马绍尔群岛的新教，且接受过公职培训。虽然众议院对平民开放，但是普通民众想通过选举进入众议院是非常困难的。众议院严重倾向于由在马绍尔群岛有着传统影响的重要人物担任议员。在众议院的 42 位议员中，半数议员是族长或处于次要地位的小酋长，另有 10 名议员来自马绍尔群岛最古老的家族，且具有族长继承权。

二 一院制国会的建立与自治时代的到来

自接管马绍尔群岛开始，美国内政部就极力反对在马绍尔群岛建立两院制国会以及在国会授予酋长制度性权力。1958 年，有关马绍尔群岛的第二个宪章得到通过，内政部据此建立了一院制的国会，以消除酋长在马绍尔群岛的传统影响，高级专员纳克促成这一转变。虽然内政部建立一院制国会的意图在于打破传统世袭制的影响，但是令美国当局懊恼的是，酋长不仅维持了他们在马绍尔群岛的传统地位，而且成功地保留了他们的传统权力。在意识到国会形式的变化并不会削弱他们的权威后，酋长没有采取行动阻挠一院制国会的建立。但是，美国当局抛出的反对大酋长委员会议员职务终身制以及大酋长委员会议员对有关传统土地所有权的议案不具有投票权的提案，遭到酋长们的集体反对。在经过两天的讨论后，马绍尔群岛国会否决了美国当局的提案，授予酋长终身议员资格、完全的投票权以及有关传统土地所有权的专断裁决权。

1958 年宪章授予国会确定担任大酋长人选的权力，且大酋长实行终身制。美国当局虽严格限定了大酋长的职责和权限，但错误地认为，由于大酋长人数很少，民选议员将会很容易限制大酋长的人数与影响。美国当局预期国会中酋长的比例将会达到20%，其余的将会是民选议员。但是，当国会于 1960 年召开首次会议时，超过 40 名酋长得到提名，在经过两天的选举后，19 名酋长获得终身议员的资格。一院制国会的第一位主席是阿马塔·卡布阿。在阿马塔·卡布阿的推动下，马绍尔群岛国会于 1963 年颁布法律减少了民选议员的数量，从而进一步增强了酋长的传统影响力。

1964 年，美国当局最终决定成立密克罗尼西亚咨询委员会，以促进密克罗尼西亚地区经济与政治的发展，该咨询委员会的代表来自密克罗尼西亚的不同地区（包括马绍尔群岛），且由高级专员提名。德怀特·海涅被推选为密克罗尼西亚咨询委员会的首任主席。1965 年，密克罗尼西亚咨询委员会改组为密克罗尼西亚议会，由 11 名经选举产生的议员和代表组成，他们分别来自以下六个地区：帕劳、雅浦岛、关岛、特鲁克岛、波纳佩岛以及马绍尔群岛。

阿马塔·卡布阿当选为密克罗尼西亚议会的首任参议院议长，而德怀特·海涅则被推选为首任众议院议长。同年，阿马塔·卡布阿当选为密克罗尼西亚议会财政立法委员会的主席。

虽然作为一个立法机构，密克罗尼西亚议会具有立法权，但是它的立法权限受到美国政府的严格限制。密克罗尼西亚议会制定的法律不能与美国的国际条约、美国总统或内政部的行政命令，或对托管地有效的美国法律相冲突。而且，高级专员对密克罗尼西亚议会通过的法律具有否决权，密克罗尼西亚议会无权推翻否决权。美国政府划拨给密克罗尼西亚议会的经费非常有限，它只能利用微薄的地方财政收入开展活动。例如1965年，它的经费略微超过100万美元。即使如此，对于密克罗尼西亚人来说，密克罗尼西亚议会的成立是一个巨大的革新，标志着密克罗尼西亚地区自治时代的来临。

第六节 马绍尔群岛的独立

随着独立意识和民族意识的增强，密克罗尼西亚地区的领导人认识到，在不久的将来，密克罗尼西亚终将结束托管制度，因此，他们急于就密克罗尼西亚未来的政治地位与美国展开谈判。1966年，密克罗尼西亚议会召开第二次会议，并通过决议呼吁美国总统成立委员会，以研究和评估密克罗尼西亚地区未来可能的政治选择。在迟迟得不到美国政府回应的情况下，密克罗尼西亚议会成立了密克罗尼西亚未来政治地位委员会，由六名成员组成。1967年，在该委员会的第一次会议上，拉扎勒斯·萨利被选为主席。拉扎勒斯·萨利和其他成员立即着手安排会议日程，并计划考察加勒比海与太平洋中的各个岛屿，探索未来政治地位。1968 年 6 月，密克罗尼西亚未来政治地位委员会在其发布的报告中提出四种政治类型：独立、自由联系国或保护国地位、以联邦或属地的形式与主权国家合并、维持现有联合国托管地的政治地位。1969 年 10 月，密克罗尼西亚未来政治地位委员会就密克罗尼西亚地区的政治未来与美国展开了正式谈判。

在两年的时间里，密克罗尼西亚未来政治地位委员会的成员广泛游历，与众多国家的领导人探讨密克罗尼西亚地区的未来道路，研究各种政治类型，并最终发布了建议密克罗尼西亚地区寻求自由联系国地位的报告。密克罗尼西亚未来政治地位委员会在完成最终报告几个月之后，即和美国政府展开了艰苦而漫长的谈判。美国政府在第二轮谈判中，提出了以联邦的形式合并密克罗尼西亚地区的议案，根据此议案，美国将拥有密克罗尼西亚地区的完整主权。除马里亚纳群岛外，其他的太平洋岛屿托管地拒绝了美国政府的提议。1972 年，在第五轮谈判中，美国政府与密克罗尼西亚地区的代表初步达成共识：密克罗尼西亚将制定自己的宪法，并在管理内部事务上拥有最高权威；美国则负责管理密克罗尼西亚地区的外交与国防事务；美国将保留位于马绍尔群岛和帕劳的两处军事基地，美国政府若想在密克罗尼西亚地区增设新的军事基地，需与密克罗尼西亚地区的代表谈判。

一　马绍尔群岛的分离运动

1973 年，马绍尔群岛的参议员阿马塔·卡布阿要求将马绍尔群岛向密克罗尼西亚上缴的税收减少 50%，由于马绍尔群岛向夸贾林环礁军事基地上的美国工作人员征税，以及马绍尔群岛的椰干产量是密克罗尼西亚地区中最高的，因此马绍尔群岛所获得的收入在密克罗尼西亚地区中是最高的。在阿马塔·卡布阿所提交的关于减少上缴税收的提案遭到委员会的拒绝后，马绍尔群岛代表退出会场，以示抗议。随后马绍尔群岛展开了脱离密克罗尼西亚的分离运动。

1973年3月，马绍尔群岛立法机构通过最后通牒性质的决议，该决议规定，如果马绍尔群岛减少上缴税收的要求得不到满足，那么，马绍尔群岛将会就其脱离事宜展开谈判。它同时也创建了"马绍尔群岛政治地位委员会"。这是继马里亚纳群岛分离运动之后对密克罗尼西亚统一与团结最大的打击。当马绍尔群岛减少上缴税收的要求再次被拒绝之后，马绍尔群岛立法机构宣布脱离密克罗尼西亚，授权政治地位委员会就分离事宜展开谈判，并任命阿马塔·卡布阿与其他三位酋长为政治地位委员会的主席。同时，它通过决议阻止马绍尔群岛代表参加即将举行的宪法集会。由于其家族在马绍尔群岛有着至高无上的地位，阿马塔·卡布阿的影响渗透至密克罗尼西亚地区的各个领域，包括马绍尔群岛立法机构大酋长委员会，以及密克罗尼西亚议会。在密克罗尼西亚议会，阿马塔·卡布阿曾担任两届参议院议长，并且在1978年之前一直是参议院的议员。

虽然密克罗尼西亚议会特别会议通过了一个减税议案，但是，马绍尔群岛并未因此而停止分离运动。1974年，马绍尔群岛拒绝参加推选代表参与密克罗尼西亚宪法集会的选举。次年，来自密克罗尼西亚各地区的代表签署了密克罗尼西亚宪法。宪法的产生标志着在密克罗尼西亚地区近一个世纪的殖民统治行将终结。

1975 年，太平洋岛屿托管地举行了一场咨询性全民公决，要求各地区的居民就未来的政治地位做出表决。马绍尔群岛是所有地区中唯一一个选择"维持现状"的地区，这次公决的可选项包括：独立、自由邦、自由联系国、州和维持现状。1978 年，密克罗尼西亚宪法被提交给密克罗尼西亚所管辖的各地区审核。但是，帕劳与马绍尔群岛都拒绝了宪法，并开始起草自己的宪法，马绍尔群岛的分离运动获得官方的支持。由此，马绍尔群岛开始与美国就马绍尔群岛未来的政治地位展开正式谈判。

二　马绍尔群岛共和国独立

1979 年，马绍尔群岛制定了第一个民族宪法，并组建了第一届民选政府。根据马绍尔群岛的宪法，马绍尔群岛的政治体制为总统制，国会有 33 名议员，总统由国会选举产生，阿马塔·卡布阿当选为马绍尔群岛的首任总统，这标志着马绍尔群岛自治的开始。马绍尔群岛宪法在太平洋岛屿托管地中与众不同，独一无二。太平洋岛屿托管地中其他国家建立了三权分立的政治制度，行政、立法与司法相互独立，且相互制约。唯独马绍尔群岛建立了总统与内阁兼有行政与立法权力的内阁制政府。马绍尔群岛宪法的许多条款被有意设计为加强总统主导的权力结构。马绍尔群岛的总统选自国会，总统兼任国家元首与政府首脑，内阁兼有立法与行政的职能。在议会制政府中，行政首脑一般没有确定的任期，马绍尔群岛的总统则有固定的任期。马绍尔群岛宪法规定，在通过不信任案之后十四天内，国会如若没有产生新的总统人选，应将权力返还给原任总统。而且，在太平洋岛屿托管地中，只有马绍尔群岛在政府中为传统的酋长设置了职位，建立了大酋长委员会。酋长院负责审查国会通过的立法，但是，酋长院的反对意见可以被否决。马绍尔群岛的宪法既没有规定总统的任职期限，也没有赋予总统否决国会通过的法案的权力。

自 1969 年起，马绍尔群岛和帕劳就一直联合就未来政治地位与美国进行谈判。1983 年 6 月 25 日，马绍尔群岛与美国正式签订了为期 15 年的《自由联系条约》。根据该条约，美国保留对马绍尔群岛安全与防务的全面权力，马绍尔群岛获得完全内部自治，并具有外交自主权，但不能参加联合国。除政治关系外，《自由联系条约》还对今后 15 年美国财政援助和其他形式援助（15 年援助总额为 7 亿美元）的条件以及环境保护、贸易、税收等问题做了规定。15 年后，经双方同意还可延长《自由联系条约》期限，马绍尔群岛也可单方面要求中止条约，选择完全独立或其他形式的政治地位，但美国的防务权力和经济义务必须延续到条约期满为止。条约还规定美国在马绍尔群岛的军事基地至少保留 15 年，美国为此每年向马绍尔群岛提供经济援助。该条约每 15 年审议修订一次，但自由联系国地位永不变更。条约规定马绍尔群岛可参加地区组织，但不能加入联合国。1986 年，美国国会通过《自由联系条约》，该条约正式生效。根据该条约，美国仍拥有马绍尔群岛的安全与防务权，马绍尔群岛获得内政、外交自主权，美国进行导弹试验的区域被限制在夸贾林环礁一带。1986 年 10 月 21 日，马绍尔群岛共和国宣布独立，成为享有内政外交自主权的国家，同时实施新的移民和国籍法，公民持马绍尔群岛共和国护照，但向美国移民不受限制。同年，为庆祝《自由联系条约》在美国国会通过，马绍尔群岛共和国首任总统阿马塔·卡布阿用英语与马绍尔语向国民发表讲话，他宣布马绍尔群岛再也不是其他国家的托管地，而是受到国际社会承认的拥有主权且自治的国家。1990 年 12 月 22 日，联合国安理会召开正式会议，通过了终止部分太平洋岛屿托管地托管协定的决议，正式结束马绍尔群岛的托管地位。1991 年 9 月 17 日，马绍尔群岛共和国成为联合国正式会员国。

第三章

政　治

第一节　政治简史

在西方殖民者入侵之前，酋长制度是马绍尔群岛传统社会的基本制度，酋长世袭行政管理权，垄断政治权力，掌控着土地及资源的分配与使用，依靠等级制度维持社会的稳定。但酋长之间也因为争夺土地及权力而发生冲突和战争。西方殖民者的入侵打破了马绍尔群岛原有的社会与政治结构，使酋长制度趋于解体。但是，在马绍尔群岛共和国独立后，往日的酋长多数成为政党的领袖甚至总统，在历任总统中有五位具有酋长头衔。马绍尔群岛共和国的政治制度对酋长的传统权力亦有所保留，宪法设立了由 12 人组成的大酋长委员会，负责就影响习惯法和诉讼程序的问题提出建议。

一　阿马塔时代：马绍尔群岛共和国的塑造

在马绍尔群岛，阿马塔·卡布阿是最有影响力的政治人物。卡布阿领导了马绍尔群岛共和国的独立运动，带领民众脱离密克罗尼西亚走向独立自治，1979 年当选为该国首任总统，并四次蝉联总统，一直执政到 1996 年逝世。卡布阿的影响遍及马绍尔群岛的各个领域，他在任内制定的政策塑造了马绍尔群岛社会的发展轨迹及其现代民族性格。

1986 年《自由联系条约》生效后，卡布阿主要致力于争取国际社会对马绍尔群岛共和国主权独立的认可，发展民族经济，摆脱国家对美国财政援助的严重依赖。依据《自由联系条约》，马绍尔群岛共和国仅获得内政与外交领域的自主权，国防依然由美国控制，美国在马绍尔群岛设有军事基地及弹道导弹试验场，因此，国际社会对马绍尔群岛主权独立的认可，对于该国在国际社会的生存与发展至关重要。1990 年之前，卡布阿的政策在外交领域取得初步成效，马绍尔群岛与菲律宾、日本和中国正式建立了外交关系。1991 年 9 月 17 日，马绍尔群岛正式加入联合国，标志着国际社会对其独立地位的正式认可。尽管如此，马绍尔群岛与美国的《自由联系条约》使得外界对其独立依然有所怀疑。1992 年，马绍尔群岛加入世界银行、国际货币基金组织和亚洲开发银行，使马绍尔群岛的新生民族经济获得了美国以外的财政资源。

1986 年《自由联系条约》生效后，卡布阿政府便致力于减少政府机构的雇员数量，资助项目，开设企业，增加财政收入，实现财政独立，因为《自由联系条约》中有关财政援助马绍尔群岛的条款将于 2001 年失效。但是，政府投资的所有项目几乎都以失败告终，其中包括：与丹麦合资的牛奶厂、马绍尔航空公司①运营的马朱罗至火奴鲁鲁（檀香山）航线、围网捕鱼业，以及开发该国 200 海里专属经济区的采矿合约。卡布阿为解决财政困境采取了更富争议的政策，即向外国人出售本国护照和把该国的潟湖开辟为美

---

① 马绍尔航空公司于 20 世纪 90 年代中期更名为马绍尔群岛航空公司。

国的垃圾场。出售本国护照造成大量移民涌入，滋生犯罪；将潟湖辟为垃圾场开了恶劣先例，导致严重的环境问题。迄今为止，卡布阿实行的最成功的政策便是船舶注册，即以相对较低的费用向外国船舶颁发马绍尔群岛的船旗。2006 年，国际海事组织授予马绍尔群岛最负责的船旗国称号。2010 年，马绍尔群岛超越巴哈马群岛而成为世界第三大船旗国，马绍尔群岛注册处船队规模已超过1.25 亿吨，拥有 3640 艘船。

1994 年，在澳大利亚举办的南太平洋论坛上，卡布阿提出一项具有国际争议性的政策倡议，即把该国北部受到核试验影响的岛礁辟为国际核废料垃圾场。卡布阿希望通过该政策获得数十亿美元的财政收入，但是，该政策立即遭到密克罗尼西亚联邦、绿色和平组织及马绍尔群岛核试验受害者的激烈反对，美国与日本官方也对此持反对态度。尽管如此，在美国两位国会议员的支持下，卡布阿政府在任期结束之前一直致力于推行这项政策。在卡布阿的领导下，马绍尔群岛政府反对法国在穆鲁罗阿环礁重启核试验，但是拒绝签署《南太平洋无核区条约》，因为《南太平洋无核区条约》禁止核废料运输的条款阻碍了马绍尔群岛政府建设国际核废料垃圾场的政策规划。①

1996 年，即卡布阿逝世之年，马绍尔群岛在外交与经济领域取得丰硕成果。是年，马绍尔群岛成功举办了南太平洋论坛，国际地位得到巩固与提高。耗资 1000 万美元且拥有 150 个房间的奥瑞格酒店在马朱罗兴建，该酒店的兴建促进了旅游业的发展，拉动了

---

① David Kupferman, The Republic of the Marshall Islands since 1990, *The Journal of Pacific History*, Vol. 46, No. 1, June 2011, pp. 78 – 80.

经济增长。中华人民共和国给予马绍尔群岛最惠国待遇，设在马绍尔群岛的大使馆开始投入使用。然而，卡布阿的逝世使马绍尔群岛十七年的政治稳定终结，政局陷入无序状态。

二　后阿马塔时代的混乱与反对党的崛起

阿马塔·卡布阿去世后，他的堂弟伊马塔·卡布阿继承了最高酋长头衔并担任总统。伊马塔·卡布阿在阿马塔政府中担任拉利克群岛部长，而这一职位是阿马塔·卡布阿为培养未来总统而专门设立的。阿马塔·卡布阿逝世于国会休会期间，所以，1997 年 1 月国会召开会议时的首要工作便是选举总统。在总统选举中，伊马塔·卡布阿获得 20 票，国会议长凯塞·诺特和大使威尔弗雷德·肯德尔则均获得 6 票，由此伊马塔·卡布阿击败其竞争对手，当选为马绍尔群岛共和国第二任总统。

伊马塔·卡布阿上台后面临的最大问题是前任总统难以超越的成就与影响，以及民众对其能力的质疑。阿马塔·卡布阿引领马绍尔群岛走向独立，领导国民度过国家初创之艰难期，他凭借卓越的政治能力使国家保持了十七年的政治与社会稳定，并初步建立了相对独立的民族经济。阿马塔·卡布阿施政清廉，深受民众爱戴，在其任内，马绍尔群岛的政治独立得到巩固，国际地位得到提高。虽然伊马塔·卡布阿与阿马塔·卡布阿同为最高酋长，也备受民众爱戴，但是，民众普遍认为伊马塔·卡布阿缺少其堂兄所具有的优秀品质和卓越的政治能力。而且，伊马塔·卡布阿有酗酒嗜好，这也使民众并不看好他的执政前景。

伊马塔·卡布阿执政之初，国家经济形势相当严峻，其时马绍尔群岛政府最大的财政来源——亚洲开发银行因为马绍尔群岛社会保障局管理不善，暂停向其提供贷款。除了美国的财政援助，向外国人出售护照成了马绍尔群岛政府唯一的财政来源。在此情势下，伊马塔延续了其前任的政策，继续开展政府机构改革，增加税收，并减少政府开支和裁减公职人员。1998年初，在亚洲开发银行的敦促与资助下，伊马塔政府召开了该国首届"国际经济与社会问题峰会"，希望参会人员能为发展国民经济建言献策，为经济发展提供动力。但是，在阿马塔死后崛起的反对派成功使峰会的焦点由经济问题转向了博彩业，致使伊马塔政府借助峰会纾解经济困境的愿望落空。

阿马塔·卡布阿政府曾于1996年通过博彩业合法化法案，允准国民投资博彩业，以吸引国外游客，促进旅游业的发展和增加财政收入。但是，由于政府管理不善及博彩业的无序发展，阿马塔政府增加财政收入与拉动旅游业发展的愿望落空。鉴于1997年和1998年初的经济困境，以及民众对博彩业的普遍反对，宗教人士称博彩业加重了经济困境。阿马塔逝世后，长期的政治稳定随之终结，反对派逐渐崛起，政党纠纷与角力成为岛国政治的常态。

1998年，在马绍尔群岛政府召开"国际经济与社会问题峰会"期间，反对派向国会提交了两项反博彩法案——113法案与114法案，组织了该国有史以来最成功的一次反对活动。113法案要求国会废除博彩法，114法案则要求取缔马绍尔群岛的博彩业。这两项法案得到教会、大酋长委员会以及马朱罗多数市民的支持。在对113法案与114法案表决时，反对派采取了成功的斗争策略，明确禁止涉足博彩业的议员参与投票，这其中包括总统伊马塔·卡布阿、部长菲律普·穆勒，最终使两项反博彩法案在国会通过。

反博彩法案通过后，总统伊马塔重组内阁，任命迪布伦为财政部长，并解除了三名支持反博彩法案的部长的职务。被解除拉塔克群岛部长职务的托梅茵发起了针对政府的不信任案投票，这是马绍尔群岛独立以来的首个不信任案投票，但最终以失败告终。虽然伊马塔安全度过了不信任案危机，但是在不信任案的冲击之下，他的政府变得极不稳定。在不信任案投票期间，他又解除了三位部长的职务。

在外交领域，伊马塔政府受中国台湾当局金援的蛊惑，于1998年11月与台湾签署"建交"公报。这一举措与其联系国美国只承认中华人民共和国为代表中国的合法政府的政策截然相悖。虽然与台湾"建交"使马绍尔群岛获得了大量的财政援助，但是，美国移民归化局在关岛机场扣留的一名台湾人却使马绍尔群岛政府丧失了售卖护照的财源。由于持有马绍尔群岛护照可以自由进出美国，所以大量华人争相购买马国护照，而这名台湾人被发现携带12本马绍尔群岛共和国护照入境美国。在美国政府的压力下，伊马塔政府停止向外国人出售护照。

在1999年大选期间，反博彩联盟与被伊马塔解除职务的议员组建了马绍尔群岛第一个具有竞争力的反对党——联合民主党（UDP）。此后，执政党组织议员抵制国会预算案的通过，以及伊马塔政府在应对工人罢工问题上的无能，使得民众对其倍感失望，最终导致大部分民众将选票投给了联合民主党。联合民主党在1999年11月的大选中一跃成为国会第一大党，获得了国会的多数议席。2000年1月，凯塞·诺特被国会推选为马绍尔群岛共和国总统，成为1979年马绍尔群岛自治以来首位出身于平民的总统。沃杰环礁议员李托瓦·托梅茵则成为国会议长。

三　新世纪，新政治：频频出现的不信任案危机与政
党政治的巩固

当选为总统后，凯塞·诺特开展了一系列务实且富有象征性
的改革，包括精简政府机构、严格执行政府用车政策以及总统本
人开私家车上班等。在其任内，马绍尔群岛政府的雇员数量比五
年前缩减了30%。美国政府会计处曾发布报告斥责马绍尔群岛政
府对美国政府根据《自由联系条约》提供的援助资金使用不当，
诺特公开承认资金使用有不当之处，并加强了马绍尔群岛政府的
问责制。为此，诺特政府对中国台湾当局与前任政府雇员之间的
秘密金钱转移展开了调查，尽管诺特政府和前任一样与台湾保持
着密切的联系，仅1999年台湾就向马绍尔群岛提供了大约1500
万美元的投资和援助。虽然诺特政府大力削减开支、精简机构，
但是马绍尔群岛政府依然没有实现财政收支平衡，并在2001年6
月不得不从亚洲开发银行贷款120万美元，以弥补预算的不足。

在诺特政府履任刚满一年时，反对党对其提出不信任案，立足
未稳的诺特政府深受冲击。这是在马绍尔群岛独立以后的22年中，
反对党第二次把不信任案引入国会。针对总统诺特的不信任案投票
是在2001年1月8日由前总统伊马塔·卡布阿和其他六名反对党
议员共同发起的。反对党希望通过无记名投票方式进行该不信任案
的投票，但是，这项提议遭到政府成员的强烈反对。反对党声称他
们是被迫发起不信任案投票的，因为他们对政府处理许多议题的方
式不满，这些议题包括与美国开展的有关《自由联系条约》续约
的谈判以及政府部长的旅行开支。凭借着联合民主党在国会中的多

数优势，凯塞·诺特最终在投票表决中以五票的优势安然度过不信任案投票危机。

《自由联系条约》中有关财政援助马绍尔群岛的条款原定于2001年到期，因此，诺特政府上台后的首要任务便是与美国就《自由联系条约》的续约展开谈判。美国与马绍尔群岛之间的续约谈判其实早在1999年10月就已经举行，但因为马绍尔群岛同年11月的大选，以及美国2000年的总统大选而暂停。2001年夏，马绍尔群岛与美国就《自由联系条约》的续约正式展开谈判。美国政府根据条约中的财政援助条款向马绍尔群岛提供了15年的援助，但是效果十分有限，财政援助也被马绍尔群岛政府使用的所剩无几。尽管如此，布什政府依然愿意继续向马绍尔群岛提供财政援助，但需要对原有的援助条款进行大幅度修改。在新条约中，美国的财政及其他援助将逐渐减少，取而代之的是，两国共同建立信托基金，为新《自由联系条约》到期后马绍尔群岛的财政困境纾难。2004年5月，马绍尔信托基金正式成立，马绍尔群岛投入了2500万美元，而美国初期投入700万美元，并且以每年50万美元的金额持续援助马绍尔群岛。

美马两国新《自由联系条约》谈判遇到的最大障碍就是夸贾林军事基地的土地租赁协议，而这一难题迄今悬而未决。在1986年生效的《自由联系条约》中，美国以每年1100万美元的价格租赁夸贾林岛作为军事基地。条约规定，马绍尔群岛政府首先与夸贾林岛的土地业主达成土地租赁协议，将夸贾林岛租赁下来，然后再将该岛转租给美国。因此，土地租赁协议属马绍尔群岛的内政事务，美国政府不直接参与租赁协议的谈判。夸贾林岛的土地业主组成"夸贾林谈判委员会"，要求直接参与租赁协议的谈判，

并将夸贾林岛的年租金由 1100 万美元提高到 1910 万美元。美国
拒绝了"夸贾林谈判委员会"要求的数额,只同意将年租金提高
到 1500 万美元。在马绍尔群岛政府与美国达成新《自由联系条
约》后,"夸贾林谈判委员会"断然拒绝接受该条约,认为该条
约与土地业主的利益相悖,并联合抵制马绍尔群岛政府与美国达
成的租赁协议。

土地租赁事件对马绍尔群岛政治产生的最大影响就是一个新的
反对党的成立,该党名为"我的祖国党"(Aelon Kein Ad),由支
持夸贾林岛土地业主的政府官员、前总统伊马塔·卡布阿及其弟弟
组成。虽然许多政界人士组建新政党反对诺特,民众普遍对新达成
的《自由联系条约》不满,诺特总统依然在 2003 年 11 月赢得连
任。

在诺特当选之初,其平民身份使民众耳目一新,人们期待新时
代的到来。但是,诺特当政后所实施的改革未取得明显的成效,即
使其最大的政绩——新《自由联系条约》,也未能给马绍尔人带来
足够的财政援助,并未缓解马绍尔群岛日益严峻的经济与财政困
境。在 2007 年大选期间,凯塞·诺特的长期盟友、国会议长李托
瓦·托梅茵把诺特政府描述为"悲惨的失败者"。与李托瓦·托梅
茵关系的破裂是凯塞·诺特在大选期间遭遇到的最大的挫折。托梅
茵组建了新政党"联合人民党"(United People's Party, UPP),并
与"我的祖国党"结盟,与凯塞·诺特的"联合民主党"竞争总
统职位。2008 年 1 月,在一些新当选独立议员及"我的祖国党"
的支持下,托梅茵当选为总统。

在竞选期间,托梅茵曾承诺,如若当选,他将断绝马绍尔群岛
与中国台湾的所谓"外交关系",并与中华人民共和国建交。然

而，他当选后便改变了自己的承诺，并于2008年1月29日接见了台湾当局政治人物吕秀莲。托梅茵上任后不久，就将外交部部长迪布伦撤职，随后又撤换了多名部长，造成了执政党的分裂，"联合人民党"与"我的祖国党"的联盟也开始瓦解。2008年10月，反对党提交对托梅茵政府的不信任案，其理由有三：托梅茵政府拒绝接受美国政府提供的用于消除核试验影响的400万美元赔偿；托梅茵政府与美国的关系恶化；托梅茵政府拒绝在马朱罗实施已获批准的小学计划。在这次不信任案投票中，托梅茵政府以18票对14票的结果继续留任执政，但是，这次政治纷争促成托梅茵总统更改其所效忠的党派，即由联合人民党转为联合民主党。托梅茵总统在上次大选之前本为联合民主党成员，为赢得总统大选而转为联合人民党成员。这次不信任案促成托梅茵总统重返联合民主党。虽然这次不信任案投票以失败而告终，但是，托梅茵政府内的权力斗争并未停止，且愈演愈烈。在变换门庭、更换党派后，托梅茵总统解雇了一半的内阁成员，并任命忠于联合民主党的前部长或议员担任内阁部长。

托梅茵政府在2009年4月再次遭遇不信任案投票。第二次不信任案投票源于托梅茵将外交部部长托尼·迪布伦解职。2009年4月底，在联合民主党的阻挠下，第二次不信任案投票同样以失败而告终，托梅茵幸运留任。但是，在10月21日的第三次不信任案投票表决中，马绍尔群岛国会以17票赞成、15票反对的投票结果通过了对托梅茵政府的不信任案，即从当日起解除托梅茵的总统职务。马绍尔群岛总统助理部长鲁宾·扎克拉斯被指定为代总统，同时，国会宣布将在此后的两周内选出新总统。经过几天激烈的争论，国会选举议长朱雷朗·泽德卡亚为新任国家总统。在总统选举中，朱雷朗·泽德卡亚以 17 票对 15 票的结果险胜其唯一的对手——前总统凯塞·诺特，成为马绍尔群岛的第五位总统。2009年 10 月，泽德卡亚政府正式成立。其时，泽德卡亚因暂时平息了无序的政党竞争而备受赞誉，因为他让大部分前政府成员继续留任。在 2011 年的总统选举中，克里斯托弗·洛亚克以 21 票对 11 票击败朱雷朗·泽德卡亚而胜出。2012 年 1 月 3 日，马绍尔群岛国会投票选举克里斯托弗·洛亚克为该国新任总统，即该国的第六位总统。

泽德卡亚留给洛亚克的是一系列的内政与外交难题，包括制定国家发展规划、政府财政赤字、经济衰退、公共开支膨胀、国有企业效益低下以及马绍尔群岛与美国关系紧张等。此外，洛亚克政府也深受反对派频繁发起的不信任案投票的困扰，在其履职后的六个月内就两度遭遇不信任案投票。洛亚克政府继续深化政府改革，加强财政监管，并采取措施刺激经济增长，但是，其核心议程是应对气候变化。总统助理部长迪布伦在 2012 年联合国气候变化大会上，公开宣称 2013 年气候变化大会的主题应是气候变化，以及太平洋岛国领导人如何在应对气候变化方面发挥更大的全球性领导作用。洛亚克总统更是常常利用联合国大会、太平洋岛国论坛等国际多边舞台就气候变化发出各种倡议，敦促国际社会重视气候变暖给马绍尔群岛等南太平洋岛国带来的现实威胁。2013 年，洛亚克政府主办太平洋岛国论坛，力图通过《马朱罗宣言》使南太平洋岛国掌控全球气候变化问题的领导权，并借此提高马绍尔群岛的国际地位。

在 2016 年 1 月 4 日举行的总统选举中，卡斯滕·内姆拉（Casten Nemra）以 17 票对 16 票一票之差，击败阿尔文·杰克利克（Alvin Jacklick），当选为总统，内姆拉于 18 日宣誓就职。1 月 26日，马绍尔群岛国会通过了对总统内姆拉的不信任案，内姆拉下

台，任期只有 8 天。

2016 年 1 月 27 日，希尔达·凯茜·海涅（Hilda Cathy Heine）在总统选举中，获得了 24 名议员的支持，当选为马绍尔群岛总统。海涅于 28 日宣誓就职，成为马绍尔群岛的第八任总统，也是该国第一位女总统。

第二节　政治体制

一　独具特色的总统制

马绍尔群岛 1979 年宪法规定马绍尔群岛实行总统制，总统为国家元首和政府首脑，由国会选举产生。事实上，马绍尔群岛的政治体制为议会制与总统制的混合体。确切来说，它更像是议会制，而不是总统制，因为该国总统由国会选举产生，并对国会负责。当国会通过针对总统的不信任案时，总统则被视为已正式提交辞呈。在历史上，议长与司法机构在不信任案提出的时机及表决程序上发挥着很大的影响。严格来说，马绍尔群岛的政体与世界上既有的政体类型都不相符。从广义上来说，它与法国的半总统制更为相似，但是半总统制政府往往采取二元领导体制，总统与总理分别担任国家元首与政府首脑，而马绍尔群岛的政治架构并未设立总理一职，总统身兼国家元首与政府首脑两种职务，这一点和总理与总统并存的半总统制有异。在实践中，它的运作机制与议会制更相似。

马绍尔群岛的政体有其独特之处。从理论上来说，在典型的议会制政府中，内阁由议会中的多数党组建，多数党领袖担任政府首脑，执政党占据的多数议席有利于政府的稳定。但是，在马绍尔群岛情况则截然相反。虽然马绍尔群岛存在政党，但是它们大多是松散的联盟，而不是具有凝聚力且制度完备的政党，组织涣散，纪律松弛，政党成员常随意改换门庭。在只有 33 名议员的国会中，少数议员的倒戈就会导致政府不稳，甚至垮台。因此，反对派常利用政党组织的涣散以及常见的变换门庭，发起针对现任政府的不信任案投票，由此导致政府内阁的不稳和政局的混乱。

这一政治乱象并不是马绍尔群岛所独有的，而是太平洋岛国的普遍现象，不论这些岛国实行的是议会制还是混合政体，这一政治乱象是其典型特征。长期以来，马绍尔群岛一直力图通过把传统因素融入政治制度，使西方民主制度与传统等级结构达致一种平衡。马绍尔群岛的传统等级结构由酋长、宗族领袖与劳工（ri-jerbal）[①]组成。酋长与宗族领袖的权威以及平民对他们的顺从在马绍尔群岛社会根深蒂固。这一政治性的融合既有利，也有弊。一方面，传统的等级结构削弱了民主制度；但另一方面，它也给领导人提供了强有力的支持。

众多太平洋岛国政局的不稳已严重阻碍了国家的发展，因此，一些国家尝试通过立法禁止国会议员改换门庭，以稳定议会的多数议席，从而为政府提供牢固的支撑。这一矫正措施的效果如何仍待观察，而且在有些情势下，禁止议员变换门庭的做法被认为与宪法相抵触。尽管如此，可以确定的是，频繁出现的不信任案会坚定人们改良政体和稳定政局的决心。[②]

---

① 在马绍尔语中 "ri" 为 "平民" 之意，而 "jerbal" 则意为工人。

② Marshall Islands – A question of confidence，http：//presidential – power. com/？cat = 313.

二 行政机构

根据马绍尔群岛共和国宪法，行政权力授予内阁，内阁成员集体对国会负责。内阁由总统及总统提名、国会任命的 10 名部长组成，任期四年。总统为国家元首和政府首脑，从议员中选举产生，执掌行政权力，领导和管辖行政系统。在总统缺位期间，由议长代理国家元首。内阁部长从国会现任议员中产生，由总统任命，但这一任命需要得到国会的许可。宪法规定，马绍尔群岛总统就职后，应向议长推荐 6～10 名议员担任部长。如果当选的总统未能在当选后的 7 日内向议长递交不少于 6 位议员的推荐名单，则总统之当选将被视为无效，应尽快再次进行总统选举。总统与内阁领导行政机构，内阁具有立法建议权，将立法提案提交给国会。内阁还负责监督预算和公共开支，执行外交政策，建立和运营医疗机构和学校。经国会批准，内阁还有权缔结条约。

1. 公选官员

马绍尔群岛共和国的国会具有立法权，它的 33 名议员由各选区选举产生。这些选区往往是单一环礁构成的社区，但是在人口众多的环礁如马朱罗环礁和夸贾林环礁，也许会产生五名议员。议员一般受过良好的教育，且政治经验丰富。行政系统的最高机构——内阁，由总统和各部部长组成。总统为国家元首，也是政府首脑，执掌行政权，由国会选举产生，任期 4 年。总统从议员中任命各部部长，内阁每四年选举一次。内阁行使行政权，并对国会负责。内阁负责制定内政和外交政策，而国会则负责审核。在地方政府层面，市长和市议会由选举产生，负责处理地方事务，不受中央政府的干涉。

2. 公务员

公务员在政府秘书长的指导下工作。秘书长是文官系统的最高职务，由各部部长或秘书协助工作。这些官员通常是马绍尔人，但在许多情况下，由受雇的外籍管理专家协助工作。所有的政府雇员由公共服务委员会任命，公共服务委员会的成员由内阁任命，且对内阁而不是秘书长本人负责。根据马绍尔群岛法律，司法权独立于行政权和立法权，但是，最高法院和高等法院的法官由内阁根据司法服务委员会的建议任命，而国会则负责批准。由于马绍尔群岛法律人才有限，因此，最高法院和高等法院法官多由具备适当资格的外籍人士担任。在地方政府中，所有的公务员由市长和市议会任命。一般来说，行政系统在所有事情上听从内阁部长的指挥。

三　立法机构

马绍尔群岛的立法机构为国会，实行一院制，执掌立法权，由33 名议员组成。国会在每年 1 月的第一个星期一召开会议，会期50 天。如果出席会议人数不足议员总人数的一半，则会议不能举行。议员从 24 个选区中所有 18 岁以上的公民中普选选出，任期四年。全国被划分为 24 个立法选区，包括 19 个单议员选区和 5 个多议员选区，每个多议员选区拥有 2～5 个席位，24 个选区大致对应马绍尔群岛每个有人居住的环礁。议员从 24 个选区经选民直接选举产生。选举实行简单多数制，每个选民可投一票至数票，投票的票数与他所居住或拥有土地权的选区内的议会席位数相一致。投票实行自愿原则。候选人不能在其他选区参选。马绍尔群岛的选举有大选和补选两种。国会在举行大选后的第四年的 9 月 30 日自动解

散，新的大选在 11 月的第三个星期一举行。在两次大选之间，若出现议员席位空缺，则会举行补选。

国会的领袖被称为议长，在每次大选后国会召开的第一次会议上经议员选举产生，任何议员都可成为议长候选人。在选举议长时，由前议长组织投票，全体议员采取正式秘密无记名投票方式，以一轮简单多数票选出新的议长，国会秘书监督投票并当场宣布投票结果。议长任期四年，任期中断的原因大致有：议长辞职、议长死亡、国会解散。议长每逢双周获得政府报酬，享受职务津贴、住房补贴，政府为其配备官邸、公车、秘书等。议长在国内代表国会的权威，在国际组织代表国会。

议长的主要职责是：（1）安排组织国会工作事宜。其中包括：召开国会会议；提出或修改会议议程；组织辩论和安排发言时间；审查是否接受议案以及立法委员会对议案的修改；将议案转到委员会讨论；任命委员会及其领导成员。（2）主持国会公开会议，主要包括：召开、推迟和结束会议；发布有关国会的公告；确保对传统惯例及宪法的尊重；采取措施制止混乱，取消惩罚措施；拟定发言人名单，准许或取消发言人发言；制定修改议案的程序；组织进行投票，决定投票程序，鉴定投票程序，并在非常情况下取消投票；核定会议法定人数；如若必要，在现有程序的基础上，解释国会的运行规则。另外，议长还有提出议案或修正案、为国会设定内部规则和规定、参加国会的监督程序等职责。

在国会中，任何一个议员都可以提出议案，议案在国会经过三读通过后，经议长签署就可以成为法律。大酋长委员会可以要求对影响习惯法、习俗、土地所有权及相关事务的议案进行重新审议，也可以要求对任何一个已经三读通过的议案进行重新审议。

　　宪法修正案由国会或宪法会议提出。由国会提出的宪法修正案在二读和三读时须得到所有议员三分之二的赞成票才能提交所有合格选民进行全民公决；在全民公决时，要再次获得多数票才能通过。由宪法会议提出的宪法修正案在进行全民公决时，须获得三分之二以上的赞成票才能通过。

　　马绍尔群岛设有 12 人组成的大酋长委员会，作为国会助理机构，负责向内阁提供咨询意见和建议。大酋长委员会委员任期一年，其中 5 名委员从拉利克群岛选出，7 名委员从拉塔克群岛选出，他们须是合格选民，且不能为国会议员。大酋长委员会主席和副主席在每年该委员会第一次会议中，由出席会议的委员选举产生。[①]

四　司法机构

　　马绍尔群岛共和国的司法权独立于立法权与行政权，由宪法保障其独立运行。司法权属于各级法院，包括最高法院、高等法院、传统权利法院、区法院、社区法院以及其他附属法院。最高法院和高等法院的法官由内阁根据司法服务委员会的推荐并经国会签署决议批准任命。

1. 最高法院

　　最高法院是级别最高的存卷法院，由首席大法官和宪法规定的一定数量的其他法官组成。根据宪法，最高法院具有对法律和事实的上诉管辖权，具有对提交给它的案件和争议的最终裁决权。最高法院所做的裁决是最终裁决，除了对总统特赦，不再做其他

---

① 　王晓民：《世界各国议会全书》，世界知识出版社，2001，第 702～703 页。

的变更。最高法院上诉管辖权的适用范围包括：（1）对高等法院行使其原始管辖权做出的终审判决上诉的权利；（2）对高等法院在行使上诉管辖权时做出的终审判决上诉的权利，但仅限于高等法院证明案件涉及关于宪法规定的解释或影响的实质性的法律问题；（3）最高法院认为合适的来自于任何法院的终审判决。另外，高等法院可根据其提案或诉讼中任何一方当事人的申请，将在高等法院的诉讼中产生的与宪法的解释或影响有关的问题移交最高法院。

2. 高等法院

高等法院由首席法官和由宪法规定的一定数量的其他法官组成，对提交到高等法院的案件享有原始的管辖权；对先前在附属法院提起诉讼的案件享有上诉管辖权；除法律另有规定外，可根据受侵害的当事人的要求对政府决议的合法性进行审查。

3. 传统权利法院

传统权利法院由选出的3位以上法官组成的专门小组组成，该小组的成员来自享有土地权利的阶层，即最高酋长、宗族领袖和劳工。传统权利法院以地域为基础在选定的时间和地点进行审判，以确保能公平和准确地行使其管辖权。传统权利法院的管辖权限于具有土地权利的所有权人，以及与习惯法和传统相关的法律问题。

4. 司法服务委员会

司法服务委员会由三位成员组成，包括主席、检察长和一位马绍尔群岛共和国公民。主席一般由高等法院的法官担任，其中的马绍尔群岛共和国公民由内阁任命，他既非政府雇员，也非国会议员。司法服务委员会可根据自己的动议或内阁的请求推荐任命法官人选，或评估法官任职资格。它也可根据法令授权任命和解除下级法院及传统权利法院法官的职务，由宪法保障其独立行使权力，而不受内阁、其他机构或个人的干涉。①

第三节 政党、重要政治人物与社会团体

一 政党

严格来说，马绍尔群岛并没有正式的政党，其所谓的政党更类似于派系、政治联盟或利益群体，因为它们不具备政党总部、党纲及组织结构等政党构成要件。近年来，在马绍尔群岛比较活跃的政治团体主要有两个，即联合人民党与联合民主党。联合人民党是 2007 年 11 月由原"我的祖国党"（AKA）联合部分独立议员组成的执政联盟。联合民主党于 1999 年 6 月 25 日成立。

二 重要政治人物

阿马塔·卡布阿（1928.11～1996.12） 马绍尔群岛共和国首位总统，于 1979～1996 年连续五届担任马绍尔群岛共和国总统。阿马塔·卡布阿是拉利克群岛大酋长的儿子。1963 年，阿马塔·卡布阿入选密克罗尼西亚议会，并曾担任过一届议长。在他哥哥乔巴·卡布阿于 1982 年去世后，阿马塔·卡布阿继承了马朱罗大酋长的头衔和拉利克群岛的一部分岛礁。随后，他把拉利

---

① 孙谦、韩大元：《司法机构与司法制度：世界各国宪法的规定》，中国检察出版社，2013，第 263～266 页。

克群岛的土地所有权和马朱罗的土地所有权分别赠给父系堂弟大酋长伊马塔·卡布阿以及姨表兄弟阿马塔·泽德卡亚和托伊·阿尔伯塔。自 20 世纪 60 年代开始，阿马塔·卡布阿领导了马绍尔群岛的独立运动，在他的努力下，马绍尔群岛否决了《密克罗尼西亚宪法》公投，脱离了密克罗尼西亚，成立自治政府，实现国家独立。独立后，阿马塔·卡布阿成为马绍尔群岛共和国的首任总统。他谱写了马绍尔群岛的国歌《永远的马绍尔群岛》，该歌曲取代了马绍尔群岛在 1979～1991 年曾使用的国歌《我爱这我出生的群岛》。他曾于任内三次访问中国（1991 年 3 月、1992 年 5 月和 1995 年 4 月）。1996 年 12 月 20 日，他因病在夏威夷逝世。

伊马塔·卡布阿 1996 年 1 月至 2000 年 1 月担任马绍尔群岛共和国总统，生于 1943 年 5 月 20 日，是拉利克群岛四位主要大酋长之一。他毕业于美国加利福尼亚温图拉学院，曾担任过小学校长。

凯塞·诺特 2000 年 1 月至 2008 年 1 月担任马绍尔群岛共和国总统，为该国首位平民出身的总统。他生于 1950 年 8 月 7 日，1974 年毕业于巴布亚新几内亚瓦达尔热带农学院，曾先后担任农业协调官员、马绍尔群岛航空公司董事长、马绍尔群岛宪法大会代表、议员、议长、内务部长和交通部长等职。1976 年、1991 年和 1994 年，他连续 3 次当选为马绍尔群岛宪法大会代表，并自 1991 年起任宪法大会主席。1979 年当选马绍尔群岛第一届国会议员并连任至今，于 1988～1999 年任议长。

李托瓦·托梅茵 2008～2009 年担任马绍尔群岛共和国总统。李托瓦·托梅茵在 1939 年 10 月 14 日出生于马绍尔群岛的沃杰环礁。他于 1950 ～ 1954 年在利基普环礁与贾卢伊特环礁就读天主教小学，1954 ～ 1957 年在马朱罗环礁读中学，1961 年毕业于波纳佩岛的一所高中。1970 ～ 1972 年，他在夏威夷大学学习。1961 ～ 1973 年，他曾从事教育工作。其间，于 1965 年当选沃杰环礁的市长，任期 4 年（1965 ～ 1969 年）。1974 年，李托瓦·托梅茵回到马朱罗，担任马绍尔群岛中学的媒体和课程专家。1974 ～ 1978 年，他担任马绍尔群岛的国会议员。1976 年，他作为马绍尔群岛代表之一参加了在马里亚纳群岛的塞班岛举行的密克罗尼西亚制宪会议。1978 年，他当选为马绍尔群岛制宪会议成员。1979 年，他成为马绍尔群岛国会议员，1992 ～ 1995 年担任副议长。

2008 年 1 月 7 日，李托瓦·托梅茵以 18 票对 15 票击败已担任两届总统的联合民主党总统候选人凯塞·诺特，当选为马绍尔群岛共和国第四位总统，并于当天宣誓就职。李托瓦·托梅茵在竞选时曾经表示将坚持一个中国的政策，也强调当选后会选择与中国台湾当局"断交"。2009 年 10 月 21 日，马绍尔群岛国会通过对李托瓦·托梅茵的不信任案，并从当日起解除他的总统职务，由总统事务部助理部长鲁本·扎克希斯代理总统一职。

朱雷朗·泽德卡亚（Jurelang Zedkaia） 2009 ～ 2012 年担任马绍尔群岛共和国总统。朱雷朗·泽德卡亚于 1949 年 7 月 13 日出生于马朱罗。1966 ～ 1967 年，他曾就读于萨普小学和马绍尔群岛中学，1967 ～ 1969 年在卡尔瓦利圣经学院深造。1991 ～ 2009 年，朱雷朗·泽德卡亚代表马朱罗环礁在国会担任参议员。1991 年，他以马朱罗环礁代表的身份参与第二次宪法集会，由此步入政

坛。在第二次宪法集会之后，他即被选为议员。1994 年，他作为代表参与第三次宪法集会。1994 ~ 1997 年，他一直担任国会副议长。

2000 ~ 2007 年，朱雷朗·泽德卡亚再次被马朱罗选区的选民选为国会议员。2007 年全国大选之后，他于 2008 年 1 月当选国会议长，2009 年当选马绍尔群岛共和国总统。

克里斯托弗·洛亚克　马绍尔群岛共和国第六位总统。1952 年 11 月 11 日，克里斯托弗·洛亚克出生于马绍尔群岛艾林拉帕拉普环礁，是一位独立人士，曾在美国夏威夷太平洋大学和贡扎加大学法律系读书。1988 ~ 1992 年，他担任司法部长；1992 ~ 1996 年，他担任社会服务部长；1996 ~ 1997 年，他担任教育部长。1998 年，洛亚克担任拉利克群岛部长。1999 年，他担任援助部长，并于 2008 ~ 2009 年再次担任这一职务。2013 年 1 月 3 日，克里斯托弗·洛亚克以 21 票对 11 票击败朱雷朗·泽德卡亚，当选为马绍尔群岛共和国总统，在 1 月 10 日宣誓就职。

希尔达·凯茜·海涅　马绍尔群岛教育家和政治家，2016 年 1 月 27 日当选为马绍尔群岛第八任总统，也是该国第一位女总统。海涅 1951 年 4 月 6 日出生，1970 年获得美国俄勒冈大学学士学位，1975 年获得夏威夷大学硕士学位，2004 年获得南加州大学教育学博士学位。在担任总统前，她曾担任教育部长，是马绍尔群岛妇女权利团体"妇女团结在一起"的创始人。

三　社会团体

1. 传统领袖

自 19 世纪晚期以来，在德国与日本殖民当局的限制之下，以及二战后在美国行政当局的打击下，与土地占有制度密切相关的传统权威体系一直处于衰退之中。二战后，美国政府把西方政治制度引入马绍尔群岛。尽管如此，1979 年的马绍尔群岛宪法在政治制度方面保留了许多传统因素。由传统领袖组成的大酋长委员会可以审查任何与习惯法或土地占有制有关的议案，并可以向内阁表达他们的意见。由三个或三个以上的法官组成的传统权利法院代表了具备不同土地权利的三个阶层：酋长、宗族领袖与劳工，并负责审查与头衔或土地权利有关的纠纷。但是，它的判决并不具有法律约束力，因此，难以推翻其他法院在此之前的判决。酋长与族长几乎只关心与传统习俗有关的问题，而不关心对外关系。尽管如此，酋长在国会中担任职务使传统的酋长制度获益，且得以存续。例如，几名议员要求在与美国达成的夸贾林环礁租赁协议中保留他们的酋长权利，而且历任总统多数为酋长。

2. 私营企业

自 1979 年以来，马绍尔群岛政府一直致力于推进基础设施建设，其实施的基础设施建设项目主要集中于首都马朱罗和夸贾林环礁。例如，在马朱罗新建的发电厂缓解了电力紧张问题，新建的码头与加油设施（同样在马朱罗）可以为许多外国渔船提供服务，新成立的航空公司——马绍尔航空公司可以提供国内与国际的航空运输服务，并把马朱罗与南部的基里巴斯、图瓦卢和斐济联系起来。在夸贾林环礁，夸贾林环礁发展局在美国联邦资金的支持下，改善了当地的基础设施，并进一步把居住区扩展到北部地区。这些项目使得马绍尔群岛政府与本土企业和外资公司达成的建筑合同剧增。1987 年，政府提供的通信与公共设施被私有化。一个代表私营企业利益的大约由五十名成员组成的商会，活跃于马绍尔群岛。

其所代表的私营企业大多从事服务业，只有极少数企业从事商品生产。商品经济已经取代自然经济成为城市社会的主导，并吸引更多的外岛居民迁移至马朱罗和埃贝耶。企业家面临的首要问题是难以招聘到熟练技术工人。如果马绍尔群岛的教育体系难以应对这一挑战，那么，马绍尔群岛仍需大量招聘外国工人，而这会导致许多社会问题的产生。

3. 宗教领袖

马绍尔群岛大多数岛民是清教徒，基督教于 1857 年由美国传教士传入马绍尔群岛。在本土牧师的引导下，马绍尔群岛信众的宗教信仰得以存续。随着基督教传入马绍尔群岛，其他规模较小的宗教派别也随之进入马绍尔群岛，如神召会和其他派别。马绍尔群岛的宗教领袖关心的问题既具有社会性，也具有宗派性，他们往往谴责人口的增长、拜金主义思潮的泛滥、传统家庭结构的衰退以及缺乏人生目标的现象。教会大力创建教会学校，开设课程，培养学生独立思考的能力与批判精神，他们常常举办研讨会，把青年人与老年人聚集在一起讨论何为适宜的价值观与行为。

4. 妇女团体

直到 1979 年，马绍尔群岛的妇女才为政治目的而组织起来。在关于密克罗尼西亚宪法和马绍尔群岛宪法的公投中，妇女团体以反对者的姿态参与活动。1978 年马绍尔群岛通过全民公投实现独立，并于 1979 年通过了马绍尔群岛共和国宪法，该宪法在 1979 年 5 月 1 日生效，马绍尔群岛获得自治地位。1979 年以来，社会服务部一直致力于提升妇女地位，敦促政府机构招聘女性职员，并协助妇女自主创业。在国际劳工组织的资助下，马绍尔群岛于 1988 年召开了"增强妇女基本商业管理技能"研讨会，来自太平洋岛国的各国代表和马绍尔群岛的妇女代表参加了此次会议。分散于全国各地的妇女团体建立了妇女联合会，每两年召开一次会议，以整合与协调妇女的利益和活动。

5. 教育工作者

政府在全国各地设立公立小学。马绍尔群岛大约四分之一的学生就读于私立小学，私立小学主要由教会创办和运营。在 20 世纪 80 年代，马绍尔群岛全国仅有四所公立高中。大约有一半且准备接受高中教育的八年级学生在私立中学就读。1987 年，由于高中学校的容量有限，仅 65% 的八年级学生进入高中就读。在 20 世纪 80 年代，虽然马绍尔群岛一些学生在获得国外大学的奖学金后会去海外深造，但是，马绍尔群岛国内提供高等教育的机构仅限于密克罗尼西亚学院在马绍尔群岛设立的教育推广中心。随着 1993 年马绍尔群岛学院的成立，这一状况才有所改观。马绍尔群岛学院是一个经区域认证的自治社区学院，开设证书课程以及副学士学位课程。马绍尔群岛学院自成立以来，一直致力于向社会各界提供高质量的教育服务。马绍尔群岛人口的增加使得教育机构承受了巨大的压力。马绍尔群岛面临的另一个重要问题是缺少足够数量的小学教师，这一现象在外岛的学校中尤为严重。20 世纪 80 年代，教育部曾尝试修改学校的课程，以使其提供更多的课程，面向更多的职业。一般来说，教育工作者主要关心如何完善各个层面的教育项目，他们尚未表现出在政治问题上组织起来并采取立场的倾向。尽管如此，作为一个整体，教育工作者非常欢迎来自密克罗尼西亚学院、夏威夷大学、太平洋高等教育委员会、南太平洋委员会以及马绍尔群岛和平队的建议和协助。

6. 青年组织

青少年酗酒与自杀高发率、青少年犯罪与少女怀孕人数的不断增长和居高不下的辍学率反映出传统家庭结构尤其是市民家庭结构的崩溃。政府组织的青年组织已经认识到马绍尔群岛青少年问题的严重性，并实施了一系列项目以解决这些棘手的问题。卫生部实施了家庭规划项目，并制定了富有创意的解决办法——青少年互助健康措施。这一措施旨在培养青少年与其同龄人在社区与中学召开研讨会的技能，帮助青少年在城市环境下自主做出人生抉择。卫生部把这一措施扩展至外岛。马绍尔群岛社区行动署实施了"青少年抉择项目"，帮助问题少年与辍学的青少年养成阅读习惯、参与社区服务和参加体育活动。马绍尔群岛和平队致力于在外岛开展教育和健康医疗服务，和平队中所有的志愿者都参与了青少年项目，并以此项目为重心。①

---

① Leonard Mason, *Republic of Marshall Islands*, pp. 4 – 10.

第四章

经　济

第一节　概况

马绍尔群岛共和国被联合国列为小岛屿发展中国家[①]，其经济结构正处于由自然经济到商品经济的转型期。西方殖民者的到来打破了马绍尔群岛传统的自然经济结构，把其纳入了资本主义经济体系之中，马绍尔群岛经济结构开始转变。19世纪30～50年代，受马绍尔群岛附近海域丰富鱼类资源的吸引，西方捕鲸船频繁出没其海域捕鲸，但更吸引西方人的是马绍尔人萃取的椰子油及其巨大的商业价值。19世纪60年代，西方人开始涌入马绍尔群岛投资设厂，萃取椰子油和生产椰干。在德国统治期间，椰子加工业的兴起彻底改变了马绍尔群岛的经济与社会结构，椰干成为可买卖的商品。在日本统治期间，日本当局在

[①]　小岛屿发展中国家是指一些小型低海岸国家。这些国家普遍遇到可持续发展的挑战，包括领土面积较小、日益增长的人口、有限的资金、对自然灾害的抵抗能力较弱和过分依赖国际贸易。它们的经济发展因为高额的通信、能源、运输费用，过小的领土面积导致的高昂的公共事务管理费用和基础设施数量少而受到限制。参见百度百科 http://baike.baidu.com/link?url = oy138GMFqNcscasdEyig_ FPoJR_ 1TN2CQxGWTIlAZDXnJeKU 4vvv4zWpjZdFSo56z_ ZbbQF2IHr76W2JJQjpXhmI0oR8xeLOV4cUZKOyBlDdt_ KszLBZ3b Pg_ dECBUaYB - GnWjaAWiGraMpcWSdy0ApVWIGlHC0M_ E - 2HWkjSjS。

马绍尔群岛投资水产捕捞业和采矿业，进一步推动了经济结构的转型。在商品经济的刺激下，马绍尔人开始从事商业活动，并开始开发传统手工艺品的商业价值。在此期间，马绍尔群岛的椰子加工业得到进一步的发展，并成为马绍尔群岛经济的支柱产业。其出口也开始多元化，主要出口产品包括冷冻鱼、手工艺品与椰垫。

二战后，马绍尔群岛成为美国的托管地。美国只注重马绍尔群岛的军事价值，利用该国的岛礁进行核试验和导弹拦截试验，而忽视了马绍尔群岛经济的发展。在此期间，由于世界市场上椰干价格下降，马绍尔人仅靠农业与出口手工艺品维持生存。20世纪60年代和70年代，美国开始对马绍尔群岛进行财政援助。此后，美国的援助成为马绍尔群岛的主要财政来源。马绍尔群岛独立后，社会与经济一直徘徊和挣扎于传统与现代之间，商业活动主要集中于两个城市即马朱罗、埃贝耶，其他外岛皆为农业区，以自给农业为主，以农业为基础的传统文化与商品经济支撑的现代文明交织渗透于其社会结构之中，形成了独特的经济制度。

1980～1999年，马绍尔群岛人口经历了爆炸式增长，人口增长了65%。虽然此后人口增长速度有所下降，但人口年龄结构已趋于年轻化。1999年全国人口普查表明，14岁以下人口占全国总人口的比重为43%。但受限于就业机会较少，全国36%的人口处于失业状态。[①] 根据亚洲开发银行的报告，由于椰干价格的下降、

---

① CIA, The World Factbook, https：//www. cia. gov/library/publications/the－world－factbook/geos/rm. html.

低技能工作职位的缺乏以及高薪公务员职位过度集中于两个主要城市，马绍尔群岛的贫富分化日趋加剧。虽然美国向马绍尔群岛提供了巨额财政援助，但是国民受惠并不均等。美国的财政援助大部分用于资助城市中心的发展，而核试验赔偿金和美国军事基地的土地租金只能使少数人受益，这使得贫富差距进一步拉大。

马绍尔群岛的进口规模远超其出口规模，对外贸易连年赤字，且居高不下。进口商品主要为食品、燃料、烟草、建材、汽车和机械设备。在日本殖民统治期间，茶叶、大米和黄豆成为马绍尔人饮食结构的一部分，因此每年要花大量外汇进口这三类商品。出口产品结构单一，主要为冷冻鱼、椰子油、椰干和手工艺品。马绍尔群岛的外汇收入严重依赖冷冻鱼和椰干的出口，因此，其经济易受国际经济波动的影响。2008 年全球经济危机对马绍尔群岛的打击尤为沉重，全球大宗商品价格的激涨造成该国近十年来第一次出现经济衰退，该年国内生产总值实际下降 2%，通货膨胀率为 14.7%。

在马绍尔群岛政府的努力之下，国民经济逐渐稳定，并在 2011 年之后持续增长。在 2014 年，经济增长率达到 3.2%，高于 2013 年的 2.3%。渔业、建筑业的复苏，出口的增长以及商品价格与通货膨胀率的下降是马绍尔群岛近年来经济持续增长的重要基础，而美马新土地租赁协议的达成与美国资助的阿马塔·卡布阿国际机场的扩建是经济增长的直接推动力。此外，在 2014 年，马绍尔群岛的主要出口商品椰干的产量接近历史最高水平。但是，马绍尔群岛政府的财政独立目标依然尚未实现，其财政状况仍然不容乐观，因为其主要财政来源——美国的援助在 2016 年被削减，这已危及马绍尔群岛政府的财政收支平衡。美国每年向马绍尔群岛提供超过 7000 万美元的财政援助，这已成为马绍尔群岛政府预算经费

的主要来源。

马绍尔群岛由众多珊瑚岛礁组成，自然资源稀缺。近年来，政府致力于稳定经济，进行财政、预算等领域的长期改革，以实现经济的持续增长。阿马塔·卡布阿国际机场的扩建使马绍尔群岛与外国的交通更加便捷，有助于旅游业的发展。马绍尔群岛政府大力推动捕鱼许可证的出售以及船舶注册业务的发展，两者已成为马绍尔群岛经济的增长点，并为该国创造了不菲的外汇收入。近年来，马绍尔群岛作为离岸注册地的形象声名鹊起，船舶注册是马绍尔群岛政府发展最成功的项目。它拥有资质最优秀、在全球海事界历史最悠久的国际船舶注册机构。在国际船舶注册日渐产业化的背景下，马绍尔群岛的国际船舶注册数量迅猛增长，入籍船舶从远洋渔船、杂货船发展到油轮、客轮、集装箱船等，其注册处船队规模已超过1.25亿吨，现为全球第三大船旗国。

马绍尔群岛为中等低收入国家，经济落后，经济规模相对较小，严重依赖外援，政府财政预算的60%以上依赖美国及其他国家和地区的援助，很多家庭依赖美国的核试验赔偿金维持生活。除了美国、日本、欧盟及中国台湾给予的财政援助，向外国渔船出售捕鱼许可证、外国渔船为转运海鱼而向马绍尔群岛港口支付的费用，以及美军基地向马绍尔群岛雇员支付的工资也是马绍尔群岛的重要财政来源。2014年，马绍尔群岛国内生产总值仅为1.8亿美元，其经济以服务业为基础，服务业在国民经济中所占的比例为72.7%[1]，经济运转很大程度上依赖政府的投资、美国的援助以及

① CIA, The World Factbook, https://www.cia.gov/library/publications/the-world-factbook/geos/rm.html.

围绕美国军事基地而形成的服务业。政府部门的支出就占全国经济总量的一半，政府雇员人数远超个体私营经济从业者人数，其比例为3∶1，政府雇员工资额占国内生产总值的20%以上。私营部门主要集中于马朱罗环礁以及设有美军基地的夸贾林环礁。全国尤其是外岛大部分人口从事自给农业，种植椰子、面包果、山芋和芋头，饲养家畜以及捕鱼。私有经济的运转在很大程度上依赖于公营部门的资金支持。

　　马绍尔群岛依然严重依赖外援，它在2014年接收的外援几乎占其国内生产总值的70%。新《自由联系条约》所提供的财政援助优先资助教育、卫生保健、环境、公共部门改革等领域，国民受惠不均的现象依然严峻。偏僻的地理位置及分散的国土是马绍尔群岛经济发展的最大障碍，贫瘠的土壤使其农业难以发展。[1]

第二节　种植业

　　马绍尔群岛农业的规模相对较小，但对于民生与经济至关重要。马绍尔群岛主要有两大类作物，即粮食作物与经济作物。马绍尔群岛陆地面积狭小，仅有181平方千米，而其农业用地面积更小，占其陆地面积的50.7%，其中可耕地占7.8%，永久性农作物用地占31.2%，永久性牧地占11.7%。马绍尔群岛的众多岛礁陆地面积差异甚大。马绍尔群岛的土壤主要为珊瑚及贝壳砂组成的砂

① Marshall Islands, Economic Outline, http：//www. suddefrance – developpement. com/en/country – profiles/marshall – islands/economic – outline – 3. html.

砾、礁石与石块，土壤贫瘠，表土甚浅，且不易堆积有机层，这使得大部分环礁中的小岛难以发展农业。

一 粮食作物

自给自足是马绍尔群岛农业的主要特点，生产的粮食作物不是用于满足市场的需要和交换，而是用于满足农民家庭的日常生活需要。虽然马绍尔群岛存在买卖粮食的经济活动，但是规模相对较小。例如，居住于马朱罗环礁的一些农民向马朱罗城市中心的市民出售其剩余的粮食。粮食作物包括面包果和露兜果。水果和蔬菜包括菠萝、甜瓜、黄瓜、辣椒、白菜、长豆角、西红柿、茄子、南瓜等。近年来，受国内外因素的影响，马绍尔群岛的粮食作物产量波动很大。1997~2002 年，受恶劣的交通条件的限制以及国外廉价农产品的影响，马绍尔群岛的农作物产量下降12.94%，在 2002~2007 年恢复增长，年均增长 14.87%。但在2007~2012 年，受全球经济危机的影响，其增长率又下降到4.56%。2012 年，粮食作物的总产值为 500 万美元。[①]

二 经济作物

马绍尔群岛的主要经济作物是椰子。椰子可加工成椰子饼干、奶油、巧克力、椰子酒和其他饮料等，也可以萃取椰子油。椰干加工企业集中于马朱罗环礁。在过去，国际椰干与椰子油贸易由菲律宾主导。近年来，由于面临植物油的激烈竞争，世界椰子油

---

① Marshall Islands, Economic Indicator, http：//faostat. fao. org/CountryProfiles/Country＿Profile/Direct. aspx? lang = en&area = 127.

和椰干贸易处于极不稳定的状态，且波动很大，造成椰干与椰子油价格在国际市场上持续走低。在马绍尔群岛，椰干一直是农业区民众的主要甚至唯一收入来源，几乎所有的岛礁都生产椰干。尽管从椰干贸易中获得的收入极不稳定，但是椰干贸易是马绍尔人从事的主要经济活动，尤其是在商业机会甚少的外岛。因此，椰干农业的从业者是马绍尔群岛最大的职业群体。但是，受多种因素的影响，椰干农业极不稳定，农民从中获得的收入也波动很大，这些因素主要包括世界市场的需求、政府对椰干农业的补贴、国内航运状况以及气候等。

在20世纪90年代上半期，马绍尔群岛的椰干产量波动很大，1995年达到历史最高水平，此后急转直下，在整个90年代下半期持续走低。1995年，椰干产量为7201吨，而1999年椰干产量则下跌到3355吨，为同期最低，且低于约5000吨的年均产量。进入21世纪后，椰干产量恢复稳定，并持续增长，在2002～2007年增速达到14.87%，此后，受全球经济危机的影响，降至3.51%[①]。2014年，马绍尔群岛的椰干产量略有增长，突破5000吨大关，但低于10年来的平均产量。

马绍尔群岛的椰干由国有企业托铂乐（Tobolar）椰干加工厂统一收购。托铂乐在20世纪70年代末成立后，马绍尔群岛政府将其交由太平洋国际公司运营，时间长达30年。[②] 在整个20世纪90年代，马绍尔群岛政府一直向托铂乐划拨农业补贴，以补偿其向

---

① Marshall Islands, Economic Indicator, http：//faostat. fao. org/CountryProfiles/Country _ Profile/Direct. aspx？ lang = en&area = 127.

② Marshalls Government to Manage Copra Plant, http：//pidp. eastwestcenter. org/pireport/ 2010/January/01 – 11 – 10. html.

农民支付的椰干收购费用，补贴总额约为 800 万美元。在 1999/2000 财年，补贴总额为 79 万美元，以 1999 年椰干产量为基准，每吨约补贴 235 美元，几乎为收购费用的 2/3。马绍尔群岛政府每年划拨的农业补贴几乎占国内生产总值的 1%，是倾向于农业生产者的大力度收入再分配，也是政府为缩小贫富差距而实施的具体步骤之一。

2008 年之后，受全球经济危机的影响，国际市场上的椰干价格急转直下，低至每磅 7~8 美分。然而，马绍尔群岛政府为保护椰农的利益，要求托铂乐以每磅 22 美分的价格收购外岛所产椰干、每磅 23 美分的价格收购马朱罗环礁所产椰干。虚高的收购价格与低迷的世界市场价格之间的落差，使得托铂乐在 2008 年之后损失了 140 万美元。2009 年，托铂乐已经没有资金向外岛椰农支付收购费用。同年 6 月，在托铂乐强烈要求下，马绍尔群岛政府批准了向其提供 50 万美元收购补贴的预算。虽然世界市场上的椰干价格已由每吨 1400 美元降至每吨 440 美元，但是，托铂乐所生产的产品仍找不到买家。[①] 受此影响，2010 年，太平洋国际公司与马绍尔群岛政府结束了管理合约，此后，托铂乐由马绍尔群岛政府运营。

在 2014/2015 财年，即 2014 年 10 月 1 日至 2015 年 9 月 30 日，托铂乐共收购 5056.46 吨椰干。统计资料显示，在 2015 年 4~6 月，托铂乐共收购 1962.05 吨椰干；在 7~9 月，托铂乐共收购 797.84 吨椰干，低于前期收购总量的一半。

---

① Tobolar loses ＄1.4m，http：//www. marshallislandsjournal. com/Journal％20July％2024％2009. html.

除了马朱罗环礁，托铂乐对其他环礁生产的椰干的收购价格是统一的，而马朱罗环礁的椰干收购价格则略微高些。以 2000 年为例，所有外岛的椰干收购价格为每磅 15 美分，而马朱罗环礁则为每磅 16.5 美分。与托铂乐工厂所在地距离的远近是造成价格差异的主要原因。托铂乐需对它在外岛收购的椰干支付运费，而马朱罗环礁所产的椰干到托铂乐工厂的运费则由当地农民支付。另外，托铂乐还对向其售卖椰干的个体收购商支付佣金，为每吨 19.5 美元，这些个体收购商主要在外岛收购椰干。

农民从椰干贸易中获得的收入并不完全归其所有，根据传统的土地产权制度，农民须将其部分收入转付给酋长。此外，托铂乐也向酋长支付费用，从农民处每收购一磅椰干，则须向当地酋长支付 1 美分。托铂乐向酋长支付的费用从其向农民支付的收购费用中扣除，并由托铂乐向酋长支付。

托铂乐椰干加工厂将收购的椰干进行加工处理，生产椰子油、椰子饼干、精炼油、浴用香皂以及肥皂。它的年椰干加工能力为 10000 吨，最高为 18000 吨。托铂乐的产品主要出口海外，只有 2% 的产品在国内市场出售。但是，国际市场上椰子制品价格的低迷使托铂乐长期处于亏损状态。

第三节　渔业

马绍尔群岛为珊瑚岛礁组成的国家，海洋资源是其赖以生存与发展的重要基础。近年来，马绍尔群岛致力于发展以海洋为重点的蓝色经济，渔业已成为国民就业与拉动经济增长的重要行业。渔业的运作日渐多元化，传统的捕捞业得到进一步发展，海产品加工业与转运业逐渐兴起，发展迅速。马绍尔群岛渔业资源丰富，礁盘鱼类、大洋性鱼类及虾、蟹、贝、海藻类等共有上千种。经济价值较高的有金枪鱼、石斑鱼、鲷科鱼类、章鱼、鳖、领针鱼、海参、珠母贝、碎碟、海龟、龙虾等。[①] 马绍尔群岛的渔业主要包括沿海渔业和海洋渔业。沿海渔业由近海与近岸渔业组成，渔民在沿海捕获的鱼主要供自己家庭消费和向城市中心出售。海洋渔业主要在专属经济区开展作业。在专属经济区捕获的鱼主要用于出口，在1999年之后部分开始向马绍尔群岛金枪鱼加工厂出售。

一 沿海渔业

长久以来，受地理条件的限制，马绍尔群岛的农业难以开展，食物多来自海洋。近海和近岸渔业在满足家庭消费方面起到关键作用，为民众提供了食物保障。以近海和近岸鱼类为捕捞对象的生计和个体渔业在该国外部环礁占有重要地位，捕捞方法多种多样，包括手钓、曳绳钓、刺网、撒网等。在外部环礁从事维持生计捕捞的渔民广泛采用划艇，而多数个体捕捞者则采用4.5～6.0米长的木质船或玻璃钢船，配有15～30马力舷外挂机为动力。马绍尔人每年为家庭需要而在沿海捕获的鱼约为2800吨，沿海商业捕鱼则为950吨。[②]

马绍尔群岛渔业基础落后，当地渔民主要从事礁盘小船（玻璃钢快艇）钓捕作业，规模很小，仅马朱罗有少量水产品投放市场。为市场需要而捕鱼的商业活动主要集中于城市中心附近的水

---

① 刘建伟、王守德：《马绍尔群岛共和国渔业考察》，《齐鲁渔业》1994年第11卷第4期，第44页。

② Fisheries of the Pacific Islands, http：//www. fao. org/docrep/014/i2092e/i2092e00. pdf.

域，即马朱罗、埃贝耶，且主要由个体渔民开展。个体渔民捕获的金枪鱼大部分在当地出售，少部分销往需求较高的埃贝耶。[①] 外岛渔业属自给自足型。

在马绍尔群岛，小规模的商业捕鱼很受限制。为改善这一状况，并维护个体渔民的权益，在太平洋布道团（Mission Pacific）的帮助下，马绍尔群岛渔民在马朱罗环礁建立了渔业合作社，以此为平台开展商业捕鱼。合作社所捕获的鱼主要出售给马朱罗的零售商店。1989 年制定的阿尔诺环礁渔业发展规划旨在发展小规模商业性捕鱼和曳绳钓捕捞，投入 8 艘玻璃钢渔船作业，船上船员 2～4 人，其中至少有一人是经过培训的船上操作员。根据该规划，有20 多名船员接受了培训。该规划还包括建造栈桥、船坞和冷库等基础设施。近年来，这一规划模式已推广到艾林拉帕拉普环礁、利基普环礁和纳穆环礁。

马绍尔群岛渔业基础设施落后，严重阻碍了渔业的发展。为改变这一局面，在外国援助机构的帮助下，海洋资源局联合一些私营部门对渔业基础设施进行改造，新建了一些港口设施，并对渔业资源进行商业化开发。其中一个项目就是在外岛兴建渔业基地。1990 年，在日本政府的帮助下，马绍尔群岛兴建了阿尔诺渔业基地，总投资 400 万美元，包括码头、冷库和配套设施。但港池很小，只适于 5～6 吨的小船停泊。后又陆续在米利、奥尔、利基普、艾林拉帕拉普和纳穆等环礁兴建渔业基地。这些渔业基地从当地渔民手中收购他们所捕获的鱼，然后加工处理，出售给马

---

① 《世界主要国家和地区渔业概况》编写组编《世界主要国家和地区渔业概况》，海洋出版社，2012，第 208 页。

朱罗和埃贝耶的零售市场。同时，这一项目在马朱罗和埃贝耶建立了专属外岛的鱼市，并提供运输船将外岛的水产品运往马朱罗与埃贝耶的鱼市。其中马朱罗的外岛鱼市为 2 个，埃贝耶的鱼市为 1 个。

继在外岛兴建渔业基地之后，马绍尔群岛政府与夏威夷黑珍珠有限公司合资在马朱罗兴建 MMAGG 渔业基地，并在马朱罗与纳莫里克环礁开展珍珠养殖。MMAGG 渔业基地码头可同时停泊 5~6 艘 80 ~ 120 总吨的金枪鱼钓船。陆上配有低温冷藏（-35℃）、高温冷藏（5℃）和制冰、淡水供给设施，拟为 120 艘渔船提供配套服务。同时，马绍尔群岛政府成立了密克罗尼西亚黑珍珠公司，对珍珠养殖业进行商业化运营。1998 年，孵卵饲养牡蛎取得成功，第一批人工养殖的珍珠出口到美国。海洋资源局兴办的项目还包括在利基普环礁兴建蛤蜊孵卵所，该孵卵所于 1990 年后开始运作，其所产的小蛤蜊主要由私营公司收购销往美国的水族馆。海洋资源局曾致力于将蛤蜊孵卵所扩展到其他外岛，但未取得成功。在日本政府的资助下，海洋资源局在贾卢伊特环礁、奥尔环礁与米利环礁建立深海捕捞培训所，对渔民进行培训。

根据 2009 年亚洲开发银行发布的有关马绍尔群岛水产养殖业的研究报告，近年来，马绍尔群岛大砗磲和黑珍珠养殖业的产量获得显著增长。在 2007 年，马绍尔群岛有两个农场和一个商业蚌养殖场主要从事水产养殖业，并出售养殖的大砗磲。马绍尔群岛大砗磲的年产量是 20000 ~ 30000 只一寸蚌，每只的收购价格为 3.5 美元。2005 年，马绍尔群岛黑珍珠养殖业获得丰收，年产量为 3000 颗珍珠，每颗珍珠的收购价格为 50 美元。

二 海洋渔业

在马绍尔群岛专属经济区内，约有 200 种鱼类及其他水生动物，重要的有金枪鱼、鲣鱼、石斑鱼、红鱼、旗鱼、章鱼、鲨鱼、珠母贝、砗磲、海参、海蜇、海龟和龙虾等，尤以金枪鱼资源最丰富，分布于南北二个渔场。南部在赤道至北纬5°，主要渔获物是鲣鱼，以围网捕捞为主；北部在北纬10°~12°，主要渔获物是肥壮金枪鱼和黄鳍金枪鱼，作业方式为延绳钓。马绍尔群岛向在其专属经济区内捕捞作业的外国渔船收取入渔费。其他的直接收益包括提供燃料、食物、维修和其他服务的收入以及工资。

1995年外国渔船在马绍尔群岛水域捕获的金枪鱼及类金枪鱼约17730吨，产值约5000万美元。然而，马绍尔群岛获得的收益仅约260万美元，其中，入渔费215万美元，租用渔业基地费35万美元，其余10万美元是出售燃料给外国渔船所得。2007年，外国渔船在马绍尔群岛水域捕获的渔获物为12700吨，向马绍尔群岛缴纳的入渔费达195万美元，占其国内生产总值的1.3%，占马绍尔群岛政府国内财政收入的5.43%。据估计，2007年受雇于外国渔船的马绍尔群岛船员为14人，另有20人在岸上鱼糜加工厂和造船厂工作，而从事小规模商业渔业和维持生计渔业的人员至少有4700人。

外国渔船在马绍尔群岛海域捕鱼的历史由来已久。自20世纪20年代以来，日本渔船在马绍尔群岛捕捞鲣鱼，到30年代中期进入艾林拉帕拉普环礁和贾卢伊特环礁的鲣鱼渔场开展捕捞作业。日本人将捕获的鲣鱼制作成鲣节（Katsuobushi，干熏制产品），并在贾卢伊特环礁建立一座小型罐头厂。因第二次世界大战爆发，渔业

活动一度中断。

20 世纪 50 年代日本渔船开始从事延绳钓作业，60 年代后期韩国和中国台湾渔船队也开始进入马绍尔群岛水域捕捞作业。70 年代日本渔船平均年捕获量高达 3.3 万吨，尔后逐渐降至 1983 年的 2.2 万吨、1991 年的 3461 吨。1991 年持有执照在马绍尔群岛专属经济区捕鱼的日本延绳钓渔船为 133 艘，1996 年则为 190 艘。其他国家和地区的延绳钓渔船队也在马绍尔群岛作业。政府利用技术援助资金于 90 年代初在首都所在地马朱罗环礁建立了一个供应渔船和鱼产品加工设备的延绳钓捕捞基地，该基地先后租给美国公司和中国台湾公司经营，这两家公司均与外国渔船签订租赁协议。在延绳钓渔业兴盛时期，以马朱罗环礁为作业基地的中国延绳钓渔船达到 150 多艘，渔获物远销至日本。渔船靠岸后立即卸鱼进库，将内脏去掉，清洗后塞进冰块，用塑料袋加冰包装，再装入纸箱，然后空运至日本（每吨运费 2000 美元）、夏威夷（每吨运费 1000 美元）。[①]向基地提供大量空运服务的马绍尔群岛航空公司由此获益颇丰。

根据与美国的多边金枪鱼协定，1996 年持有执照在马绍尔群岛专属经济区捕鱼的美国围网渔船最多达到 50 艘，但捕获量甚少。

马绍尔群岛曾设法筹建本国围网渔船队，根据 1989 年政府与美国渔业界达成的协议，马绍尔群岛获得一艘载重量 1100 吨的围网渔船，90 年代中期又获得第二艘围网渔船。后来这两艘围网渔船出售后，国内就再也没有开展围网渔业了。[②]

向外国船只颁发入渔许可证是马绍尔群岛重要的财税来源，

① 刘建伟、王守德：《马绍尔群岛共和国渔业考察》，《齐鲁渔业》1994 年第 11 卷第 4 期，第 46 页。

② 《马绍尔群岛》，http：//www.cndwf.com/bencandy.php？fid＝138&id＝236。

目前外国一般采取同马签订双边、多边或民间协定的方式，既可以是政府间的，也可以是民间组织、企业与政府间的。协定基本内容包括：入渔渔船数量、吨位、作业方式；渔船作业事宜，如定时报告等；许可证费的规定。马绍尔群岛政府已与美国、日本、韩国及中国台湾等国家和地区签订渔业合作协定和建立合资企业。1997 年设于美国旧金山的美籍公司（PMSO）与马绍尔群岛政府达成渔业合作协议，合作范围包括建立金枪鱼腰肉加工厂，投资金额达 500 万美元，可提供 300 个工作机会。该加工厂日产 50 吨金枪鱼块肉，鱼肉被运往美国金枪鱼罐头厂进行制罐，鱼骨和废弃部分则被制成鱼粉，用作肥料和饲料。此外还可吸引部分围网渔船到此卸鱼，缓解围网渔船须等候多日才能进入美属萨摩亚卸鱼的压力。马绍尔群岛渔业局认为此举除对当地渔业发展有直接帮助外，也可扩展其他经济活动，如船舶修理、加油、补给和旅馆、饭店等服务业。

　　除了双边和多边的渔业协定，马绍尔群岛发展海洋渔业的另一个重要举措就是将马朱罗环礁打造成外国渔船转运中心，此举不仅会增加政府的财税收入，也可通过基础设施的改造拉动经济增长。马朱罗环礁是一个环形岛礁，海面风平浪静，是理想的渔船停泊地和转运港口。马朱罗环礁有一个长 305 米的泊位码头，一个总长 305 米、水深 9～12 米的集装箱货运码头，平时多供渔船停靠。此处还有一个渔业基地码头，总长 150 米，码头上有450 吨级的冷藏库，设有结冻设备，日制冰量 200 吨，装卸、补给设施齐全。马绍尔群岛有较好的供水、供冰、供油、供电设施。但淡水资源不丰富，仅靠 4 个平地水库聚集雨水，总蓄水量为 8 万立方米，旱季时淡水需从夏威夷运来。1998 年，马朱罗转运金枪鱼 132 次，1999 年则猛增至 322 次。由转运费而产生的税收也由 1998 年的 78800 美元猛增至 1999 年的 193200 美元。据海洋资源局估计，每艘外国渔船每次到港停靠转运金枪鱼时，将花费15000～20000 美元，每年马绍尔群岛由此收益 500 万～600 万美元，这对马绍尔群岛经济的发展助益甚多。

三　渔业管理与渔业法规

1. 渔业管理机构

马绍尔群岛资源发展部是渔业主管部门，下设海洋资源局、贸易投资局、农业局、小型企业顾问咨询局和外岛开发局，有80 多名工作人员。海洋资源局相对独立，主要负责管理外国渔船和发放许可证，制定渔业政策和签订有关渔业协定，协调外岛渔业管理和提供咨询服务。海洋资源局成立于 1988 年，是作为一个独立的法定机构向五个成员局的局长负责。1997 年政府决定从入渔费收入中提取部分资金作为马绍尔群岛海洋资源局的活动经费。

马绍尔群岛海洋资源局的权力与职责包括：（1）对全部海洋生物和非生物资源勘察、开发、养护、管理和控制；（2）制订和执行专属经济区管理规划；（3）颁发渔业水域海床和底土的勘探和开发执照；（4）经内阁批准，与外国谈判和缔结入渔协定；（5）参与制订和执行有关渔业捕捞或渔业水域、海床或底土非生物资源的勘探和开发规划。近年来海洋资源局的执法和监督职责已转交给司法部海上巡逻处。

此外，涉及渔业活动的部门还有内务及外岛事务部、环境保护局和发展署等。内务及外岛事务部负责外国人旅游和赴外岛的一切活动，如小船、小艇和捕鱼船在外岛靠岸，必须征得该部门准许。环境保护局负责对城市环境和外国各种船只倾废排污进行监督。相对独立、半官方性质的发展署负责外国投资管理和咨询服务，发放投资许可证，如外国公司在马绍尔群岛投资建渔业项目，必须首先取得该署发放的投资许可证。[①]

2. 渔业法规

马绍尔群岛共和国法律规定，离海岸 5 海里以内的渔业归地方政府管理，但中央政府也可以与地方政府协商对近海渔业进行管理和制定规章制度。政府为保护、利用资源，制定了更详细的法律，主要有金枪鱼渔业、内海和近海渔业、远洋渔业的相关法律规定。管理本国和外国渔船在马绍尔群岛捕鱼的主要法律是《1998 年马绍尔群岛海洋资源局法令》。根据该法令，正式成立了马绍尔群岛海洋资源局，制订有关鱼类和其他水生生物养护、管理和保护、防止渔业水域污染以及海床非水生生物资源勘察和开发条例。

马绍尔群岛政府规定，海洋资源局作为政府的全权代表，与其他国家或组织签署平等互利的渔业协议，向他们提供捕鱼权配额，签发捕鱼许可证。许可证申请程序是，首先由外国公司向政府提出申请，按有关规定填写申请内容；其次与海洋资源局签订捕鱼协定，交纳相应的注册登记费，一般为每艘船 500 美元；最后由海洋资源局发给捕鱼许可证，许可证有效期为一年。申请许可证可以由本地区的地方组织或代理商代办，达成协议，办理注册登记手续。

---

① 刘建伟、王守德：《马绍尔群岛共和国渔业考察》，《齐鲁渔业》1994 年第 11 卷第 4 期，第 45 页。

此外，马绍尔群岛渔业和水产养殖的研究是由马绍尔群岛海洋资源局负责。然而，该机构没有强大的研究力量，有些研究得到区域性或国际机构的援助。研究活动包括：（1）监测，旨在对渔业现状进行评估；（2）调查与资源评估，旨在对特定资源提供现状报告；（3）开发研究，旨在鉴定新渔场、新技术及商业性捕捞或水产养殖的潜力。业务活动包括岩礁深斜坡的捕捞及大砗磲和珠母贝的海水养殖。海洋资源局在马朱罗建立了一所渔业和航海培训学校，旨在培养船员掌握捕捞技术、航海术、机修及延绳钓技术。较高层次的培训则在海外进行。①

第四节　旅游业

马绍尔群岛共和国自然环境优美，有南太平洋上的黑珍珠之称。这里远离城市的喧嚣，没有工业污染，空气清新，令人身心舒畅。碧蓝的海水，晶莹洁净的沙滩，到处是扶疏的椰林，踏上这片土地，令人心旷神怡。

一　概况

马绍尔群岛的旅游业规模很小，但具有很大的发展潜力。作为珊瑚岛国，马绍尔群岛具有非常独特的生态环境和景观，白色沙滩包围的海水潟湖以及郁郁葱葱的岛屿使马绍尔群岛的景色美不胜收。马绍尔群岛有1200多个独立岛屿，870多个珊瑚礁，800多种鱼类和160多种珊瑚，众多的二战遗址，以及二战时遗留在马绍尔

---

① 《马绍尔群岛》，http：//www.cndwf.com/bencandy.php？fid＝138&id＝236。

群岛海域的战船和飞机残骸,这些历史文化资源成为旅游业发展的重要基础。近年来,马绍尔群岛政府一直采取措施大力促进旅游业的发展,但是成效不佳。1997年旅游业修正案通过后,马绍尔群岛旅游业仍发展缓慢。据统计,21世纪初,每年到访马绍尔群岛的游客为4000~6000人次,消费额为200万~300万美元。因公前往马绍尔群岛的人数每年在1800~2500人,约占旅客总人数的39%。2011年,到访马绍尔群岛的游客约为4000人次。

美国是访马第一大客源国,到访马绍尔群岛的游客以美国人居多,日本人次之。但是,来自日本及亚洲其他国家的游客数量不到游客总数的三分之一。来自太平洋地区包括澳大利亚和新西兰的游客约占三分之一,这些游客大多数来自密克罗尼西亚联邦和基里巴斯。

马绍尔群岛的旅游设施包括旅馆和饭店大多集中于两个城市中心——马朱罗和埃贝耶,外岛如米利环礁旅游设施较少且落后。为改善基础设施、扩大客源和促进旅游业的发展,马绍尔群岛政府在1996年修建了具有国际酒店管理水准的奥瑞格酒店。该酒店为政府控股企业,但由火奴鲁鲁奥瑞格连锁酒店负责管理与运营,有150个房间,是马朱罗客房最多的酒店。后因变故,奥瑞格酒店更名为马绍尔群岛度假酒店。马绍尔群岛度假酒店坐落于潟湖边,它历经几次扩建,新增了140间客房,为该国最大的酒店。坐落于潟湖边的酒店还有罗伯特·赖默斯酒店(Hotel Robert Reimers),它是别墅式酒店。但是,这两个酒店的入住率都非常低,交通不便为其主要原因之一。

1997年,马绍尔群岛政府成立了旅游局,旅游局为国营企业,负责统筹规划发展旅游业,开发其市场潜力,并提升其发展空间。由于马绍尔群岛旅游业起步较晚，且基础设施较落后，马绍尔群岛旅游局制定了中短期市场营销战略，致力于开发旅游业中为人所忽视的细分市场，集中力量进入细分市场并力图成为该领域的领导者。旅游局确定的细分市场主要包括：潜水（包括废墟潜水和运动潜水）；运动钓鱼（包括钓鱼比赛、飞绳钓等）；二战遗址旅游；文化旅游。旅游局把美国与日本定为其主要客源国，宣传活动主要在这两个国家展开。旅游局确定的主要目标包括：扩大主要客源国公众了解马绍尔群岛的信息渠道；在目标市场对马绍尔群岛进行广泛的宣传；提高本国民众对旅游与环境的关注程度；制定与旅游业相关的经济政策；改善国内外交通运输条件。

旅游局定位于特色旅游的营销战略已初见成效，比基尼环礁利用二战沉船所打造的沉船潜水在世界上颇负盛名，这些沉船包括美国海军的萨拉托加号航空母舰以及日本海军的长门号战列舰。萨拉托加号是世界上唯一可以通过潜水观赏到的航空母舰。它比泰坦尼克号大，沉没在比基尼环礁的咸水湖的底部。长门号战列舰是二战时日本海军的旗舰，曾袭击了珍珠港，在战后被美国海军收缴之后被当作试验品，用核弹炸成了一堆海底金属废墟。[①] 朗格拉普环礁投入巨资兴建了一批基础设施，发展了不同于比基尼环礁的船宿潜水。利基普环礁上的豪斯庄园使游客体验到外岛原始的自然环境。

马绍尔群岛领海面积达 213 万平方千米，有着取之不尽的海洋资源。马绍尔群岛所产的金枪鱼在国际上颇负盛名，生鱼片在国际

---

① 《今天的比基尼环礁：闻名世界的潜水圣地》，http：//fashion. ifeng. com/travel/theme/island/detail_ 2011_ 03/18/5243232_ 0. shtml。

餐饮业也颇有名气。在其海域中，聚集着世界海洋中最密集的金枪鱼，其中以全身呈浅蓝色的"蓝序"最为著名，也最受欢迎。这种金枪鱼肉质细嫩，肉厚无刺，营养丰富。因此，世界上许多国家的远洋船队不远万里云集马绍尔群岛附近海域捕捞金枪鱼。大批外国船队的到来给马绍尔群岛服务业与旅游业带来了巨大的经济效益。仅金枪鱼即可为马绍尔群岛带来巨大的外汇收入。海鳖也广受欢迎，其味道鲜美，并具滋补养生之效，同时，它也是一项重要旅游资源。在马绍尔群岛，游客可以潜入深海观赏捉鳖活动。龙虾是马绍尔群岛的另一种美味海鲜。最大的每只可达三公斤，吃法有多种，其中最普通的是茄汁龙虾肉，而龙虾沙拉也是常见的冷菜。鲨鱼肉也是马绍尔群岛吸引游客的一个重要卖点。鲨鱼骨具有防癌之功效，其肉除可做餐肴外，亦可做鱼干和鱼松。

　　观赏海底色彩鲜艳的热带鱼是马绍尔群岛的一大旅游项目，游客可乘坐玻璃钢潜艇潜入五彩缤纷的水下世界，在碧绿的海草衬托的形状各异的珊瑚礁石中，无数的热带鱼在潜艇四周来回穿梭，可观赏的鱼类达 200 多种。马绍尔群岛浅海处的水温平均在 28℃ 左右，是最适合热带鱼生存的温度，且海浪不大，又无污染，为观赏鱼提供了良好的栖息与繁衍的生态环境。①

　　长久以来，马绍尔群岛一直力图将旅游业的重点由市场狭小的特色旅游转型为大众型的海岛旅游。马绍尔群岛的岛礁数量众多，多达 1225 个，且大多数处于无人居住的原始自然状态，未受到人为破坏，因此，一旦相关旅游及土地政策到位、交通条件

---

① 新邦：《以海鲜作为号召的旅游胜地——马绍尔群岛》，《食品与生活》1997 年第 4 期，第 18 页。

得到改善，马绍尔群岛的大众旅游业就会蓬勃发展起来。在发展大众旅游业之前，马绍尔群岛政府重点加强旅游资源建设，致力于将马绍尔群岛打造成太平洋最好的珊瑚礁旅游目的地，将马朱罗环礁打造成旅客往返外岛的交通枢纽，改善马绍尔群岛的旅游投资环境。

促进旅游业发展的主要因素对其他产业的发展同样有所助益，这些因素包括良好的投资环境、可行的土地使用政策、透明且高效的税收体制以及优良的交通通信基础设施。这些条件一旦实现，马绍尔群岛旅游业将会蓬勃发展。

二　旅客须知

来自美国、欧盟、澳大利亚、新西兰以及太平洋岛国的旅客进入马绍尔群岛无须使用绿卡。所有其他国家的旅客在前往马绍尔群岛旅行前都要获得入境签证，需要支付 25 美元申请三个月以内的旅游签证或支付 50 美元申请商务签证。旅客进入马绍尔群岛需持有效护照。如果打算停留 30 天以上 90 天以内，需携带足够的现金缴纳机票、船票等各种费用。在马绍尔群岛停留 30 天以上的旅客，或打算在马绍尔群岛工作或居住的旅客需接受艾滋病病毒检测。根据行程及个人风险因素，在马绍尔群岛居住期间，卫生保健人员可能会为旅客接种疫苗。同时，旅客还需接种常规疫苗，比如破伤风和白喉疫苗等。未成年旅客必须定期接种疫苗。旅客应根据需要进行检查并及时接种疫苗。

马绍尔群岛犯罪率相对较低，但是近年来呈上升的趋势。最常见的犯罪是入室抢劫、宾馆抢劫和拦车抢劫。故意毁坏文物的行为也在增加。如若护照失窃，旅客应立即通知当地警察或所属国的大使馆。马绍尔群岛的道路几乎没有交通标志和交通灯，因此，旅客驾车时应注意街道上的动物和闯进道路的儿童。大雨过后，一些道路会积水，车辆应低速行驶，速度不应超过每小时25英里。由于路灯稀少，可视性差，夜间行车需要特别谨慎。酒后驾驶在马绍尔群岛是常见的行为，尤其是周末，所以旅客驾车时应当谨慎。马绍尔群岛海关严禁旅客携带火器、军火、爆炸品和低俗出版物入境，进口鸟类、植物、水果等需要提供检疫部门的证明。违反马绍尔群岛法律的人，即使不是故意违法，也会被驱逐、逮捕、囚禁。对于拥有、使用、非法交易毒品的处罚非常严厉，罪犯可能会被判处监禁和重罚。

第五节　交通运输业与邮政通信业

一　交通运输业

作为岛礁国家，马绍尔群岛的交通运输以海运为主，马朱罗与埃贝耶是主要港口，来往于澳大利亚和日本的定期远洋客货轮经停马绍尔群岛。2005年，该国商船数为540艘（每艘注册总吨位在1000吨或以上）。2010年，超过2000艘船舶悬挂马绍尔群岛国旗，马绍尔群岛船舶注册量居世界第三位。[1] 岛礁之间的交通多依赖船只，各岛礁间有政府或私营公司提供的定期航班。马绍尔人航海技术高超，民众自幼生活在海上，善于掌舵行船，因此也常依靠自有船只出行。

---

[1]　世界知识出版社编《世界知识年鉴2012/2013》，世界知识出版社，2013，第962页。

截至 2007 年，马绍尔群岛公路总里程为 2028 千米，其中铺面道路为 75 千米①，且集中于马朱罗与埃贝耶，其他未铺面公路大多为碎石、珊瑚石路面，且未得到整修。马朱罗环礁上的铺面公路由东端的丽塔村延伸至西端的罗拉村。马绍尔群岛没有铁路。

马绍尔群岛的航空运输主要由密克罗尼西亚大陆航空、马绍尔群岛航空公司以及瑙鲁航空公司运营。位于马朱罗环礁以及夸贾林环礁的机场可供喷气式客机起降，包括波音 737 客机。

1. 航空运输

（1）国际空运

密克罗尼西亚大陆航空、马绍尔群岛航空公司以及瑙鲁航空公司为马绍尔群岛提供国际空运服务。马绍尔群岛航空公司为国营企业，它所雇用的飞行员多为外国人，其航空基地位于马朱罗，每周有定期航班飞往邻近的太平洋岛国，它使用多尼尔 228 客机提供往返马朱罗与塔瓦拉的航空服务。在 1995 年公共部门改革之前，马绍尔群岛航空公司使用租赁的 DC8 客货两用机，提供往返马朱罗与楠迪的每周三班的航空服务，并用萨博 2000 高速涡轮螺旋桨飞机取代英国航空公司的 748 型客机，提供飞往塔瓦拉和富纳富提的航空服务。萨博 2000 高速涡轮螺旋桨飞机是由马绍尔群岛政府出资购买，并转租给马绍尔群岛航空公司的。由于国际航空业务经营不善，亏损严重，马绍尔群岛航空公司根据《公共部门改革方案》的要求对国际航空业务进行了大幅度的削减。

密克罗尼西亚大陆航空每周有班机来往于檀香山、关岛与马朱

---

① CIA, The World Factbook, https：//www.cia.gov/library/publications/resources/the-world-factbook/geos/rm.html.

罗。在 2000 年，密克罗尼西亚大陆航空对其飞机进行更新，用波音 737 – 800 取代了波音 727 – 200，不仅增加了班机的额定载货量，而且实现了马朱罗与檀香山之间的直航。1999 年，夏威夷阿罗哈航空曾入驻马绍尔群岛，为其提供由马朱罗环礁、夸贾林环礁往返檀香山的国际航空服务，但在 2005 年因财政危机撤离了马绍尔群岛。

瑙鲁航空公司每周有航班提供由布里斯班与楠迪到马朱罗的航空服务。由布里斯班飞往马朱罗的航班每周日早间起飞，中间经停瑙鲁，飞行时间约为 6 个小时。由楠迪飞往马朱罗的航班于周一早间起飞，中间经停塔瓦拉和瑙鲁，飞行时间约为 7 个小时。2015 年 6 月，马绍尔群岛政府与瑙鲁签订谅解备忘录，根据该备忘录，瑙鲁航空公司增加两条飞往科斯雷岛与波纳佩岛的航线，并与马绍尔群岛航空公司一起组建工作组，考察向夸贾林环礁提供航空服务的可能性。[①]

（2）国内空运

目前，马绍尔群岛航空公司使用多尼尔 228 客机与庞巴迪 Q100 型客机，提供国内空运服务。马绍尔群岛航空公司每周有航班飞往比基尼、埃内韦塔克、夸贾林、朗格拉普以及艾林拉帕拉普等环礁。每周有 5 个航班往返基利环礁与贾卢伊特环礁，往返马朱罗环礁与夸贾林环礁的航班则每周多达 6 个。马绍尔群岛国内有 28 个机场，但因资金紧张、年久失修，曾关闭其中的 16 个机场，后在中国台湾的资助下，马绍尔群岛建筑工程部重新购买设备，并对关闭的机场进行修缮，被关闭的机场得以重新投入使用。

密克罗尼西亚大陆航空每周有三班客机往返马朱罗环礁和夸贾

---

① Marshall Islands & Nauru Sign MOU to Nauru Air Services，http：//spto. org/news/item/2674 – marshall – islands – nauru – sign – mou – to – nauru – air – services.

林环礁，其使用的客机为波音 737 - 800 客机。阿罗哈航空曾使用波音737 - 200 客机每周提供往返马朱罗环礁与夸贾林环礁的航班，但在 2005 年取消。

作为国有企业，马绍尔群岛航空公司每年接受政府划拨的大量财政补贴，以支撑其国内外航空业务。在 1990 ~ 1994 年，马绍尔群岛政府每年向马绍尔群岛航空公司划拨的财政补贴高达 400 万 ~ 600 万美元，但是它的财政状况依然不佳。为此，1995 年制定的《公共部门改革方案》要求政府停止对马绍尔群岛航空公司提供财政补贴。在 1996/1997 财年，马绍尔群岛航空公司依然亏损严重。在亚洲开发银行的支持下，马绍尔群岛航空公司进行了改革，重组了航空公司的管理层，精简机构、缩减人员与开支，改善财政状况。董事会的成员由 9 人减为 5 人，并新任命了一位具有丰富管理经验的首席执行官，并赋予其按照国际通行的惯例和航空安全标准来管理马绍尔群岛航空公司的权力。1995 年之后，马绍尔群岛政府减少了划拨给马绍尔群岛航空公司的补贴，并在 1999 年停止了财政补贴。在新的领导机构领导下，马绍尔群岛航空公司大力进行内部整顿，大幅度削减了国际航空服务，提高航空服务的质量，加强机场设施的维修，并减少日常开支，以改善财政状况。同时，为减少对外籍飞行员的依赖，它还加强了对本国飞行员的培训。

在马绍尔群岛政府的压力之下，马绍尔群岛航空公司修建了机库设施，并在 2007 ~ 2009 年对机场跑道和停机坪进行了整修。

为改善机场设施和提升国际航空服务水平，增加海外游客的数量，马绍尔群岛于 1999 年成立了马绍尔群岛机场管理局。该管理局为国有企业，接管了马绍尔群岛的主要机场阿马塔·卡布阿国际机场。该机场原由民营机构民用航空董事会负责监督与管理。在马绍尔群岛机场管理局接管后，阿马塔·卡布阿国际机场的运营和管理大为改观。

2. 水路交通

马朱罗和埃贝耶开展定期的国际海运服务，国际海运将美国西海岸、马绍尔群岛、夏威夷、密克罗尼西亚联邦以及远东联系在一起，每 3～4 周即有远洋船舶抵港。美商菲美航运公司（PM&O Line）提供美国西海岸与马朱罗、埃贝耶的直航服务，在马朱罗与埃贝耶经停后，其远洋船舶向西驶往密克罗尼西亚联邦、塞班岛、帕劳与远东地区。美森轮船有限公司提供往返檀香山与马朱罗的直航服务。这些公司为马绍尔群岛提供的国际海运服务稳定可靠。但是，马绍尔群岛尚没有开展固定的海上国际客运服务。

在马绍尔群岛，岛礁间及环礁内的海运服务由政府、私营企业与个人三方提供。马绍尔群岛交通与运输部负责管理国内的交通与运输，其所管辖的马绍尔群岛海运集团在国内海运业务中占主导地位，其海运服务规模较大、稳定且完善。外岛的交通与运输业务主要由马绍尔群岛海运集团负责，其海运的主要方式被称为"野外之旅"（Field Trip Services）。马绍尔群岛海运集团负责管理政府所拥有的船舶，它共拥有五艘船，分别为"兰吉利克"（Langidrik）号、"埃木曼"（Aemman）号、"里布克·埃"（Ribuuk Ae）号、"马朱罗"（Majuro）号以及"夸贾林"（Kwajalein）号，其中"兰吉利克"号、"埃木曼"号与"里布克·埃"号比较老旧。2011 年，"里布克·埃"号由于老旧失修，曾被迫停运，被送往科斯雷岛的船坞进行维修。[①]

---

① Japan to build two cargo ships for Marshalls，http：//pidp. eastwestcenter. org/pireport/2011/February/02－02－09. html.

"马朱罗"号与"夸贾林"号是日本于 2013 年赠送给马绍尔群岛的。除了马绍尔群岛海运集团外，私营企业与个人也为岛礁间及环礁内的交通提供服务，但是它们的海运业务规模较小，且极不稳定。

1998～1999 年，马绍尔群岛政府对国内交通与运输业进行改革，将国内海运业务承包给私营业主，并向其提供财政补贴。承包商须使用其自有船只以规定的运价和票价向民众提供稳定且达到规定水平的海运服务。马绍尔群岛政府还把"里布克·埃"号列入承包合同中，允许私营业主租赁该船只开展海上运输业务。根据改革规划，马绍尔群岛政府划定了三个服务区域供承包商开展业务，这些服务区域分别为北部服务区、中西部服务区与南部服务区，但将在运输业中私营部门占主导地位的岛礁排除在外。北部服务区包括奥尔、马洛埃拉普、沃杰、利基普、乌蒂里克、艾卢克以及梅吉特等岛礁。中西部服务区包括艾林拉帕拉普、夸贾林、纳穆、莱、乌贾、沃托、埃内韦塔克、贾布沃特、利布等岛礁。南部服务区包括贾卢伊特、埃邦、纳莫里克、基利等岛礁。

1999 年 6 月，三个服务区域以公开招标的形式被承包出去，国内海运业务主要由两大私营承包商包揽。根据合约，北部服务区承包商须使用其自有船只开展业务，承包其他两个区域的承包商则可租赁"里布克·埃"号开展业务。马绍尔群岛政府为私营承包商制定了国内海运的路线排程表。在中国台湾的援助下，马绍尔群岛政府购买了两艘客货两用船以及一艘小型油轮，并将它们租赁给承包商，其中购买小型油轮是为了改善外岛的燃料供应状况，增加汽油、柴油、煤油的供给，以提高外岛民众的生活质量和支持政府在外岛所实施的发展规划。在 21 世纪初，马绍尔群岛政府利用亚洲开发银行的贷款改进了外岛的码头及货物储存设施，并利用中国台湾的援助建造了一批长约 12 米的玻璃钢船，为主岛潟湖提供运输服务。

除了政府投资的国内运输项目，私营企业和个人也使用各种柴油机船提供潟湖内或岛礁间的运输服务。在用于货物运输的较大的运输船中，有一些是由渔船改装的。这些渔船本来是马绍尔群岛发展局用于延绳钓渔业项目的，但是该项目以失败而告终，马绍尔群岛政府在对国内运输业进行改革时，将这些渔船租赁给承包商。然而，这些渔船并没有得到很好的使用，有些已停运。1996 年成立的马绍尔群岛港口管理局（Marshall Islands Port Authority）负责国际入境港的管理，现在它主要管理两个国际港口——马朱罗与贾卢伊特，埃贝耶港则由夸贾林环礁发展局（KADA）管理。自马绍尔群岛港口管理局成立以来，它主要依靠自有资金运营港口，并未接受政府的财政补贴。由于缺少政府的财政资助，其经营业绩每况愈下，这一现象在马绍尔群岛的国营企业中相当普遍。

3. 陆路交通

在马绍尔群岛，车辆靠左行驶，18 岁以上的成年人才可以开车。据 1999 年统计，注册的 2575 辆汽车中，绝大多数来自马朱罗，因此，马朱罗交通堵塞相当严重。马朱罗环礁极其狭窄，在任何一个地方行驶，几乎都可以在一边看到潟湖，在另一边看到大海。街道没有名称，也没有详细地址。人们在马朱罗依靠辨识业主、以前的业主或最近的地标来确定其方位。街道上交通标识极少，没有红绿灯，同样也没有人行道，因此，行人与车辆拥挤在公路上前行，这常导致交通混乱。

马绍尔群岛的公交车班次较少，但对学生来说较省钱且方便。人们通常选择乘出租车出行，出租车较多，且不需要等待很长时间，因此，出租车是马绍尔人出行的主要工具。在马朱罗，从丽塔

的东端到丽塔与长岛之间的大桥只需50美分，而从丽塔到长岛则需1.5美元。马朱罗市区的出租车在不过桥的情况下，有两种计费方式，即单程75美分和50美分，但是过桥则加倍。通常开"休旅车"载客的出租车都是单程50美分。周末出租车较少，晚上也不易叫到车。

在埃贝耶，市区道路为环状单行道，出租车大部分为皮卡货车，前座多为女性座位，男士则坐车外后座。在埃贝耶市区，出租车的计费标准是单程75美分，如越过垃圾场（Dump site）到古吉居村的话则为单程20美元，路况不佳。学生公车每周一至周五上午往返古吉居村与市区，它并没有身份限制，因此，非市区民众多选择乘坐学生公车。大部分民用车辆也为皮卡货车，马绍尔群岛民众相当和善，所以在马绍尔群岛搭便车较容易，无论是否相熟，车主一般不会拒绝。

二　邮政通信业

1. 邮政

作为美国的前海外托管地，马绍尔群岛现在继续使用美国的邮政编码体系，对外邮政由美国邮政总局负责，邮资也根据美国标准计算，寄往帕劳、密克罗尼西亚联邦以及美国各州、属地和军事外交驻地的邮件均按国内邮资计算。由于采用美国邮政体系，马绍尔群岛的国家代码为MH，邮政编码范围为96960～96970。马朱罗的邮政编码是96960，埃贝耶的是96970。虽然马绍尔群岛也发行邮票，但是，政府允许民众在寄往美国的函件上粘贴美国的邮票。

从美国寄往马绍尔群岛的头等邮件，由货机从美国东海岸运抵马绍尔群岛。非头等邮件包括邮政小包和杂志邮件则会在2～4个月内经海运送达。在马朱罗，民众寄邮件只能通过邮箱投递。外岛的邮件只能粘贴平信邮票，邮寄的包裹按货物标准收费，由地方上的飞机或船只投递。

2. 电信

截至 2014 年，马绍尔群岛共有 2400 部固定电话，15500 部移动电话。网民数量为 1700 人，占总人口的 2.4%。马绍尔群岛的大部分电信业务由国家电信局（The National Telecommunication Authority）管理和运营。它向民众提供国内国际电话通信（电话、传真）、地方移动电话通信以及宽带网络等服务。国际长途电话在高峰时收费标准为每分钟 1.25 美元，非高峰时则为每分钟 1 美元。

在获得美国商务部的贷款后，马绍尔群岛在 1987 年建立了国家电信局，其初始贷款额为 1880 万美元，后追加至 2280 万美元。1991 年，马绍尔群岛通过立法将国家电信局私有化。国家电信局现为独立实体，具有流通股股东和董事会。在它的法定股本中，马绍尔群岛公民共占 75% 的股份，政府占 25% 的股份，政府为其最大股东。在 1992 年，马绍尔群岛公民共购买国家电信局 35575 股股份，政府随后追加初始资本金，以稀释国民的股份比例。现在，马绍尔群岛法律明确禁止非马绍尔群岛公民购买国家电信局的股份。马朱罗、埃贝耶有七位数直拨固定电话，国家电信局于 1999 年在马朱罗安装了标准"A"卫星信号接收器，以改善国际电话通话质量。在国内，埃贝耶岛上的电话通信已经覆盖到郊区古吉居村，夸贾林岛也已经通电话。国家电信局还在马朱罗与埃贝耶安装了公用电话。其他外岛则需使用高频无线电话和卫星电话，但通话质量不佳，高频无线电话主要由政府使用。

第六节　金融业、离岸注册及著名公司

一　金融业

马绍尔群岛采用美元作为其通行货币，因此，它没有中央货币机构，也无法限制资金的进出。马绍尔群岛沿用了美国的金融体制，根据美马条约，它若发行本国货币则须与美国进行协商，这就使得马绍尔群岛政府难以通过货币政策调控国民经济。如果马绍尔群岛人民不满意本国金融机构的服务质量，他们可以将资金存放在家里，或向海外金融机构贷款，且不受限制，这在马绍尔群岛相当普遍。同样，政府也难以通过发行货币来改善财政状况，因此，马绍尔群岛不存在因货币超量发行而导致的货币贬值和通货膨胀现象。

马绍尔群岛的金融系统分为非正式金融与正式金融两部分。非正式金融是指采用超出现有法律规范的方式，且不通过依法设立的金融机构来进行融资活动。虽然官方对非正式金融不予承认，但是大多数马绍尔人曾借助它融资，甚至有些人几乎一直依赖它谋求生计。马绍尔群岛不存在信用合作社，或与之类似的实体。即使在商业中心马朱罗也仅有一位放贷者拥有营业执照，但是非正式的个人信贷在马绍尔群岛非常普遍。相较于其他太平洋岛国，马绍尔群岛的初次收入分配极端不平等，因此，富人向穷人放贷在马绍尔群岛有着重要的意义。一般来说，富人放贷的对象仅限于其亲属和朋友。民间借贷往往周期较短，且利息高于银行，但是其即刻放贷的特点使其广受欢迎，因此，民间借贷在马绍尔群岛也相当普遍。

正式金融部门主要由两家银行组成，即关岛银行马绍尔群岛分行与马绍尔群岛银行。美国夏威夷银行曾长期在马绍尔群岛开展金融业务，也曾是与关岛银行、马绍尔群岛银行并肩的三大银行之一，但由于盈利达不到董事会的预期目标以及业务调整，在2002年关闭了它在马绍尔群岛的分行，由此撤出马绍尔群岛。①

　　关岛银行的金融业务集中于马绍尔群岛的两个城市中心——马朱罗与埃贝耶，在这两个城市都设有分行。马绍尔群岛银行为本土股份制商业银行，总部位于马朱罗乌利加区。马绍尔群岛银行的业务覆盖面很广泛，它在阿马塔·卡布阿国际机场、罗拉以及夸贾林、沃杰和贾卢伊特各环礁都设有分行，因此，它也是马绍尔群岛吸收存款最多的银行。据马绍尔群岛银行发布的财政报告，在2014年，该行的计息存款余额为6924084美元，资产总额为85458245美元，综合收益为4380464美元。②

　　马绍尔群岛也有一家国有银行——马绍尔群岛开发银行，不过业务规模较小。马绍尔群岛政府在1988年组建了马绍尔群岛开发银行，以促进经济发展，提高民众的生活水平。马绍尔群岛开发银行致力于通过发放开发贷款巩固经济基础，促进就业与生产，改善住房条件，扩大出口，减少马绍尔群岛对外援和进口的依赖。但是，迄今为止这些目标大都未实现。1997年的调查报告认为，马绍尔群岛开发银行的国有性质使其运作与项目投资归于失败。马绍尔群岛开发银行的决策常遭到政府的干涉，由此导致做出错误的贷款决策，而这类贷款往往难以收回。

---

① Bank Of Hawaii To Close FSM, Marshall Islands Branches, http：//www.fsmgov.org/press/nw082102.html.
② Bank of Marshall Islands Statement of Condition, http：//www.bomi.biz/financials/financials.html.

马绍尔群岛开发银行每年都会获得政府划拨的财政补贴，以及美国农业部根据"农村住房与社区发展服务住房维护基金"条款划拨的基金。另外，《自由联系条约》基金每年也向马绍尔群岛开发银行拨付 10 万美元。马绍尔群岛开发银行接管了马绍尔群岛经济开发贷款办公室的债务与资产。它的名义资产为 2000 万美元，其中贷款为 1500 万美元，这包括 900 万美元的商业贷款。1998 年，在注销巨额不良贷款后，马绍尔群岛开发银行经审核的账目中的资产价值为 850 万美元。1999 年 11 月，中国台湾向马绍尔群岛开发银行提供了利息为 5% 的 500 万美元贷款，偿还期限为 15 年，其中包括三年的宽限期。一半的贷款很快便以住房、国内航运和消费贷款的形式发放出去。剩余款项中的 180 万美元被政府暂时借去，以支付社会保障局（MISSA）拖欠已久的海外转诊费用。

马绍尔群岛开发银行的业务仅限于吸收存款与发放贷款。它提供住房、商业及消费贷款，其中住房贷款最高贷款期限为 15 年，利息为 8.5%；商业贷款最高贷款期限为 10 年，利息同样为 8.5%；消费贷款最高贷款期限为 3 年，利息在 12% ~ 14%，这取决于贷款的目的。开发银行同样为渔业、农业、制造业、旅游业及建筑业提供贷款，但是，它的业务主要集中于零售业与消费贷款。在以前，它的利息主要由政府决定，而不是董事会根据商业目的制定。

美国联邦存款保险公司负责向关岛银行的存款人提供保险，每位存款人的保险额为 10 万美元，并与美国联邦储备银行和财政部一起监管其金融业务。美国联邦存款保险公司所提供的存款保险并不适用于马绍尔群岛银行，它的金融活动受马绍尔群岛法律管控，对它的监督也使马绍尔群岛政府倍感吃力。

1987 年出台的银行法案为银行业务的开展制定了法律框架，并设立了银行监理专员办公室。该法案制定了银行业务核算与报告规则、银行监督与申请执行判决的诉讼程序，设立了银行财政状况评估制度与金融许可证制度，并敦促银行加强信贷风险评估，以期通过严格的规章条例与政策指令设立审慎的银行业从业标准。同其他小岛屿发展中国家一样，马绍尔群岛由于国小且财政窘迫，在执行银行业监督制度时往往难以做到面面俱到。马绍尔群岛与其他太平洋岛国一样，往往只有一两家本土银行，而其他银行多为外国银行的分行，而这些分行则由更大且实力更强的金融监督机构监管。由于本土银行太少，所以设立金融监督机构和执行监督机制的成本往往大于收益。鉴于此，马绍尔群岛政府常借助国际货币基金组织所设立的太平洋金融与技术援助办公室（PFTAC）的帮助，来开展银行业监管活动。

二 离岸注册与离岸金融

马绍尔群岛的离岸注册由来已久，且给其带来了不菲的外汇收入，主要包括公司注册与船舶注册。马绍尔群岛公司注册计划规定，若马绍尔群岛公司并非由原住民成立，则可合法免除一切税项。马绍尔群岛公司可采用英式或美式管理。英式须有常务董事及公司秘书；美式则须有董事及行政人员。容许发行不记名形式的股票，而股东、董事或行政人员，亦无须向政府或注册代理登记。离岸公司可于十天内注册完成。如遇即时之需，亦可购买现成公司。马绍尔群岛公司注册法豁免了非居民的国内公司的税收，且马绍尔群岛海外离岸公司不受外汇规定管制，这一优势是其他离岸中心所没有的。同时，在马绍尔群岛注册的公司无须申报受益者、年利润及财务状况，无须呈递周年报表或经审计账目，亦无须召开周年大会，并可在美国证券市场上市。政策扶持加上其独特的优势使得马绍尔群岛的离岸注册业务迅速发展壮大，马绍尔群岛现在已成为仅次于英属维京群岛的最佳离岸注册地。根据博勤投资 2013 年 8 月的统计数据，中国商人在马绍尔群岛注册离岸公司的需求同比增长 32.12%，比英属维京群岛等传统离岸区域增幅高出将近一倍。①

在独立后，马绍尔群岛便致力于发展船舶注册，并取得巨大成功，现已跃升为世界第三大船旗国。马绍尔群岛的船舶注册业务发展迅速，注册船舶类型包括油轮、客轮、散装船、什货船、集装箱船及远洋渔船等。船舶可由马绍尔群岛的公司或合伙企业、认可的外国海事法团或马绍尔群岛国民拥有。马绍尔群岛作为船籍注册地，以其高质量和高效率管理得到全球航运界的认可，特别是其致力于保护海洋环境安全，也得到业界的广泛认同。目前，注册于马绍尔群岛的主要船东国家包括希腊、美国、德国和挪威，并扩展到亚洲国家。随着中国船厂和其他海事服务公司在全球影响力的扩大，2011 年以来，中国在马绍尔群岛船舶注册的数量平均增加了20%。②

马绍尔群岛的离岸注册业务主要由马绍尔群岛信托有限公司（Trust Company of the Marshall Islands, Inc.）负责。马绍尔群岛信

---

① 《为什么很多人选择在马绍尔群岛注册离岸公司》，http：//jingyan. baidu. com/article/ae97a646a6f19abbfc461d47. html。

② 《马绍尔群岛国际船舶注册突破 1 亿总吨》，http：//www. zgsyb. com/html/news/2014/05/396961599. html。

托有限公司是美国总公司的全资子公司，由其控制，并向总公司购
买经营权及全球代理权等其他服务。它根据 1990 年与马绍尔群岛
政府达成的合资协议，运营公司与船舶注册，这一协议于 1995 年
进行修订。离岸公司注册与船舶注册是相联系的。船舶注册以竞争
性注册与认证费率，向船主提供由政治稳定，且与美国有密切联系
的司法体系支撑的船舶国籍。

马绍尔群岛与国际十大船级社保持着良好的合作关系，船旗
信誉良好，以注册标准严格而著称。现在船舶注册量以每年
30% 的速度增长。2006 年，国际海事组织授予马绍尔群岛最负
责的船旗国称号。2007 年，美国海岸警卫队评选马绍尔群岛为
21 世纪质量最高的船旗国。但是，只有马绍尔群岛居民所拥有
的船舶，或在马绍尔群岛注册的公司才能在马绍尔群岛进行离岸
注册，这也是马绍尔群岛离岸注册得以迅速发展的动力。大多数
在马绍尔群岛注册的公司或多或少的与在马绍尔群岛注册的船舶
有直接或间接的关系，在马绍尔群岛注册的公司往往共享船舶的
所有权，而这些船舶常由某个人或组织控制。马绍尔群岛信托有
限公司将其营业收入的 25% ~ 28% 按季度分期交付马绍尔群岛
政府。随着业务的增长、规模的扩大，它向政府交付的资金也逐
渐增多。2000 年，它向政府交付了 1000 万美元。马绍尔群岛的
离岸注册规范且完善，广受外商欢迎，马绍尔群岛信托有限公司
已成功地对相互关联的公司注册与船舶注册进行了市场化运作，
且利润可观。

马绍尔群岛的离岸金融是在政府的大力扶持下，充分利用地
理优势和税收政策优势发展起来的，现已成为南太平洋地区的离
岸金融中心。由于发展时间较短，所以规模较小，目前尚为区域

性中心。马绍尔群岛曾开设过一些离岸银行，但是在美国及其他国家的压力之下，马绍尔群岛政府缩减了离岸银行的数量。由于离岸银行的金融业务不受业务所在国的管辖，因此，离岸银行常被用于隐藏赃款、洗钱和逃税。2000 年，经合组织将马绍尔群岛列入避税港黑名单，其依据的标准是：无有效的税率或只有名义上的有效税率；缺乏有效的信息交换；缺乏透明度；没有实质性经营活动的要求。① 在国际社会的压力下，马绍尔群岛承诺提高税收透明度，并建立了有效的税收情报交换制度。鉴于此，经合组织于 2007 年 8 月 7 日宣布，将马绍尔群岛从避税港的黑名单中撤除。

离岸银行的逃税与洗钱行为损害了马绍尔群岛的国际声誉，并且离岸银行账户中流出的资金并不在马绍尔群岛停留，而是流向海外。它们对马绍尔群岛经济的贡献仅限于创造一些就业机会、对国内产品和服务的消费。因此，除非离岸中心规模较大，且监管措施完善，否则，开设离岸银行的成本将大于其所带来的经济收益。在国际货币基金组织及其他国际组织的帮助之下，马绍尔群岛逐渐完善了离岸中心的管理措施，并与国际标准接轨，但这也意味着马绍尔群岛将逐渐退出离岸金融业务。②

三　著名公司

马绍尔群岛的邮电通信及其他服务业主要由一些著名公司垄断。这些公司主要包括以下几个。

---

① 《OECD 公布避税港黑名单》，http：//www. xjl2366. net/news. asp？id = 208046。
② Republic of the Marshall Islands Meto2000，http：//marshall. csu. edu. au/Marshalls/html/ADB/ADB_ Meto2000. pdf.

罗伯特·赖默斯公司于 1960 年成立，资本额为 2000 多万美元，主营批发和零售建筑材料、汽车和零部件，同时提供海水淡化、国际航运代理、出租办公用房、海洋养殖等服务，以及与旅游有关的租船、潜水、垂钓、饭店等业务，负责人为罗伯特·赖默斯。

太平洋国际公司（Pacific International Inc.）于 1967 年成立，资本额为 1000 万美元，主营销售建筑材料、修理重型机械，开设旅行社、保险公司，以及出租汽车、公寓楼、办公楼等业务，负责人为杰里·克雷默。

太平洋马绍尔公司（Pacific Marshall Inc.）于 1984 年成立，主营商品批发、船运代理、汽车代理、出租汽车代理等业务，负责人为塞缪尔·史密斯。

第五章

社　会

马绍尔群岛共和国具有独特的风俗、文化和价值观。土地是这个岛屿国家社会组织的焦点，家庭是马绍尔人的精神支柱，互帮互助的亲属网络以及等级森严的等级制度是传统社会保持稳定的基础。马绍尔群岛岛民服从酋长与族长的领导，酋长占有土地，执掌资源的使用与分配权，并解决社会纠纷、维持社会秩序。由土地维系的大家族聚在一起，形成部落，因此家族聚会成了部落最大的活动。在孩子的首个生日，亲朋好友会聚在一起，载歌载舞进行庆祝，这也是最重要的家庭活动之一。

第一节　社会结构与社会关系

一　婚姻

马绍尔人的传统婚姻往往局限于具有亲缘关系的氏族之间，且盛行姑表联姻。进入现代社会后，随着国内外交流的增多，马绍尔人与无亲缘关系的国人或外国人通婚也很普遍。在结婚后，新婚夫妇往往会在其中一方的父母的土地上居住一段时间。在生养孩子，并成为长辈之后，夫妻将被氏族认可，并被正式接纳，从而成为其中的成员。传统马绍尔社会曾经允许一夫多妻制，但遭到后来的传教士的极力反对而被禁止。城市化以及商品经济给马绍尔人带来极大的压力，家庭暴力也并不鲜见。在更加传统和盛行自给农业的外岛，婚姻是进入氏族内部的门槛，婚姻可以将男人的田间劳作与女人将农产品转化为食物的责任相结合，可将女人赋予子女氏族身份的能力与男人塑造子女生理特征的能力相结合，亦可将夫妻与其子女融入大家庭与氏族之中。虽然离婚是被允许的，但当夫妻关系稳定之后，离婚的可能性就会下降。

二　家庭

马绍尔群岛的传统社会以母系文化为主，女人掌管土地等资源，并支配金钱的使用，男人则负责出海捕鱼，土地所有权和其他权力按母系来分配和继承。但是，土地所有权归氏族所有，而氏族则是按母系来划分的。孩子被认为是家庭最重要的资产，人们在孩子的第一个生日往往举行盛大的庆祝活动。在孙辈的抚养上，外祖母持有决定权。每一个氏族由几个家庭组成，每个家庭包括一对夫妇、子女及其近亲，往往是三代或五代同堂。氏族中的家庭由牢固的社会和经济纽带、义务和传统联系在一起。每个人的责任取决于他在氏族中的地位，而氏族在马绍尔群岛社会中的等级地位也会发生变化。

马绍尔人常以其所占有的土地界定身份，土地在马绍尔群岛社会的重要性要归因于面积小与资源的稀缺。在农村，一个家族所拥有的土地决定了其社会地位与身份。在马绍尔群岛，母系亲族是占有土地的主要亲属团体。他们的族长，即最老的男性成员，在社会事务中代表整个家族行事。由潟湖延伸至海岸边且以宗族姓氏命名的土地，不仅为分散在各地、由亲情联系在一起的家庭提供了生存空间，也为栽种农作物和椰树提供了适宜的耕地。整个家族的成员共同劳作且共享劳动成果，这也成为亲族成员共享的一条规范，约束着他们的行为。土地权利的继承是有明确限制的，只有成为家族的一员才有资格获得土地权利。严格的等级制度把土地的所有权授予社会上层，而把土地的使用权授予下层。

当马绍尔人谈及他们的社会与文化时，其永恒的主题就是子女、家庭、家庭成员聚在一起庆祝宗教节日和社会活动。随着商品经济的兴起和传统文化的衰落，家庭结构与成员的责任与角色都在发生变化。传统的自给经济向商品经济转型，使原来的大家庭结构趋于消失，传统的三代或五代同堂转变为较小的由两代人组成的核心家庭。虽然外祖母在孙辈的抚养上依然保持着重要的影响，但是外祖母已不再拥有决定权。为谋生计，许多家庭成员开始脱离传统的大家庭，也不在传统的土地上劳作，而是移居到马朱罗和埃贝耶寻找工作。在城市中心区，大多数的居民是来自外岛的移民，他们通常居住在亲属拥有的土地上，或者租住在其他人的土地上。城市中的市民家庭相较于农村来说往往比较小，更加注重家庭的凝聚力而不是家庭结构的延展性。市民家庭的住宅一般较拥挤。生活设施（水、电和污水处理系统）由政府提供。城市中有很多商店和超市为市民提供食物和进口商品，市民对进口商品依赖很大。警察和法庭而不是氏族长老负责维护社会秩序。在城市，教堂往往耸立在酒吧和电影院的旁边。

随着商品经济的兴起，许多传统的义务已由劳务支付转为现金支付，这是许多马绍尔群岛家庭难以承担的。例如，孩子的第一个生日派对、婚礼和葬礼是马绍尔人的重大传统活动，但是，这些活动的规模已超出传统的要求，成为一种地位与财富的炫耀。城市中心的房东有时会要求租客为这些活动提供食物与资金，由于家庭远在外岛，租客不得不屈从。由于圣诞节与复活节活动开销巨大，教堂往往也要求信徒捐献金钱，或进行义务服务。许多家庭已难以应对教堂、学校以及子女对金钱的要求。

据调研，马绍尔人已不再认为家庭生活如以前般快乐，这一观念的转变是由紧张的家庭关系（与酗酒、失业和资金窘迫相关）、妇女外出工作以及妇女在家庭和氏族中地位的衰落引起的。许多马绍尔人认为传统的权力正在由母系转向父系，人们对妇女的传统尊重也正在减弱。外祖母以及父母在子女的抚养上，也越来越力不从心，他们的权威已受到子女的挑战。个人自由与个性表现的观念已传入马绍尔群岛，并对传统观念构成挑战。许多青年期望由自己决定个人的成长与发展，这包括择校、就业以及婚姻。青年对独立与自由的要求与传统观念发生冲突，导致家庭关系紧张。

随着西方文明在马绍尔群岛的广泛传播，基督教信仰逐渐取代了传统宗教的信念。马绍尔群岛文化的西化改变了传统家庭结构，使得原来保护脆弱成员的传统社会安全网破裂。随着家庭成员共享财产的传统的衰落，低收入家庭在抚养子女上困难重重，难以满足子女生长与发展的需要。许多父母，尤其是年轻且未接受教育的父母，难以为子女提供足够的食物、衣服或者教育。① 虽然传统生活方式仍存续于外岛上，但是，在西方文明与商品经济的影响下，城市中心人们的价值观与行为日益西化。这一点在有留学背景的青年

---

① Government of the Republic of the Marshall Islands with Assistance from UNICEF: Republic of Marshall Islands—A Situation Analysis of Children, Youth and Women, http://www.unicef.org/pacificislands/RMI_ SITAN. pdf.

一代身上体现得尤为明显。许多青年人在美国读高中和大学时受到西方的价值观和行为的影响。这一变化较明显地体现为青少年犯罪、酗酒、卖淫、自杀以及无视长辈教导等现象急剧增多。

三 社会结构

马绍尔群岛在欧洲人到来之前已经发生了社会分化，形成了"贵族"和"平民"两类。马绍尔群岛的氏族贵族为伊迪里克氏族和耶罗迪亚氏族，首领（有时人们称其为国王）总是伊迪里克氏族的人，他的妹妹必须嫁给耶罗迪亚氏族的男子。家系是按母系计算，首领妹妹的子女是伊迪里克氏族的成员，其中一个将承袭国王的封号。这种早期等级制度是传统社会结构的基础。[①]

"贵族"分为两个等级。第一等级为酋长（Iroij），第二等级为宗族领袖。酋长拥有土地所有权、资源的使用和分配权，以及争端的最终裁决权，且不从事体力劳动。普通民众认可酋长对资源的控制权。特定的岛礁被辟为酋长的领地，特定的食物只能由酋长享用，特定的物种为酋长专享，如鲸鱼、乌龟、海豚及军舰鸟等。其他岛礁的珊瑚岬被辟为酋长采集食物的专有场所。禁止私闯酋长领地。酋长在外貌上也有别于"平民"，酋长身上文有特殊花纹，穿戴也比较好。他们的房子离居民点较远，比普通民宅要好。在马绍尔群岛，土著居民的村落往往坐落于其所拥有土地旁的潟湖边上，以抵御风暴。酋长几乎每天在自己的茅屋中接见部属和臣民，接受他们的礼物，与他们谈话。当酋长坐在地上的时候，普通人必须坐

---

① 〔苏〕托卡列夫、〔苏〕托尔斯托夫：《澳大利亚和大洋洲各族人民》，李毅夫等译，三联书店，1980，第 987 页。

在较远的地方。见到酋长时必须遵守一定的规矩和礼仪，比如妇女
是不可以蓬头散发地出现在酋长面前的。酋长掌握着土地的所有
权，土地是他们的主要财富。酋长死后，他们的土地将传给其兄
弟，如果没有兄弟就传给姊妹。

酋长对平民拥有极大的权势，不仅是对居民的财产，而且在
很大程度上也包括平民的人身。[①] 然而，在马绍尔群岛悠久的口述
史中，酋长往往带有"友善"的光环。马绍尔人认为，友善的酋
长会受到神的庇佑，并得到人们的拥护，而贪婪、暴虐和富有野
心的酋长则会遭到人们的抵制。在马绍尔群岛传统中，酋长友善
或大方是其得到神佑的标准。在马绍尔群岛及大洋洲的传统文化
中，酋长的重要职责是与民众共享食物，改善人们的饮食，酋长
与普通民众之间犹如父子。酋长代表着友善、互惠与真理。民众
则为酋长贡献食物，提供劳役。马绍尔人认为，友善为生命之源，
代表着真理，而仇恨则导致灭亡。社会关系中的友善与互惠尤为
人看重。

第二等级为宗族领袖，他们负责宗族内部日常事务的管理，以
确保维护宗族的利益。宗族领袖有自己的土地和下属，是这些土地
的管理人。他们占有的土地面积可能远远超过酋长所占有的土地面
积。但是，他们必须给酋长供应农产品和鱼类产品，派人服各种劳
役，并为自己所服从的酋长打仗。他们为酋长尽各种义务，并从酋
长那里取得土地。他们在名义上是酋长的顾问，是各种仪式和宗教
典礼的主持人，他们在社会上具有很大的权势。

---

① 〔苏〕基·弗·马拉霍夫斯基：《最后的托管地》，史瑞祥译，商务印书馆，1980，第
41页。

　　第三等级为劳工。劳工往往被称为 kajor（氏族之力），这一名称表明了劳工与酋长、宗族领袖之间的共生关系，酋长与宗族领袖负责氏族与土地的控制与管理，而劳工则负责耕作，以提供食物等生活与物质资料。劳工在酋长的土地上耕作，且不能脱离这一土地。酋长无权出卖劳工，只可以把劳工移至另一块土地上劳作。劳工虽没有土地的所有权，但是，大多数劳工世代在同一块土地上生活。他们差不多是在没有监督的情况下进行劳作的，因为酋长只在极少的情况下前往他们的领地进行视察。他们与酋长的关系以个人关系为基础，酋长可以在任何时候把劳工驱赶出其领地。劳工对酋长的实物税是有一定的规则的。从一月至七月收割的全部庄稼（马绍尔群岛一年收获两次）属于酋长，其余月份收获的则属于劳工。此外，劳工还必须为酋长编织席子，席子对马绍尔人来说是很贵重的东西，每一个家族的族长必须在规定的时间向酋长供奉一定数量的席子。在传统社会劳工对酋长的依存度相当高，不仅其财产，就连其生命也是由酋长控制。

　　自西方殖民势力入侵以及现代文明传入马绍尔群岛后，马绍尔群岛传统的等级制度与社会结构发生了变化。在德国殖民统治时期，德国主要致力于开发马绍尔群岛的资源和开设商贸站，以获取巨额经济利益，并不关注马绍尔群岛的政治体制，因此，德国依靠酋长对马绍尔群岛实施间接统治，酋长制得以保留，传统社会结构依然得以维持。但是，德国所开启的商品经济使马绍尔人以土地为中心的生活方式发生改变，民众开始脱离氏族与土地，远到贾卢伊特等商业城市谋生，传统的实物交换与劳工向酋长提供的劳役逐渐以货币支付，由此，酋长制度的基础受到削弱。

　　日本在 1920 年取得对马绍尔群岛的委任统治权后，致力于改

变马绍尔群岛传统的土地制度和社会结构，这是对酋长权威的重大挑战。日本当局在马绍尔群岛扩大政府机构，任命普通平民担任官吏，力图在马绍尔群岛建立垂直型的权力结构，以架空传统的酋长制。日本为缓解国内人口增多所造成的土地压力，大肆吞并马绍尔群岛的土地，霸占了三分之一的高水位土地，从而颠覆了传统酋长制的基础——土地所有制。同时，日本为缓解国内人口压力，大量向马绍尔群岛移民。大量日本人涌入马绍尔群岛，并在岛上设厂、进行商贸活动，导致马绍尔群岛的人口结构与经济结构发生转变。

二战后，马绍尔群岛成为美国的托管地，美国仅重视马绍尔群岛的战略地位，利用其岛礁进行核试验和导弹试验，并未对马绍尔群岛的政治、经济与社会制度进行改革。在此期间，马绍尔群岛依靠深受现代文明冲击的酋长制维持自治，但是，美国引入的现代技术改善了马绍尔群岛的交通与技术设施。

马绍尔群岛独立后，虽然酋长的传统权威、民众对酋长的依附已受到很大削弱，且民众对酋长的尊重已大不如以前，但是，酋长制的基础——土地所有制依然得以维持，酋长仍占有最多的土地，并且，酋长在政治领域有着无与伦比的影响力。在马绍尔群岛独立运动中，最主要的领导者便是拉利克群岛的最高酋长阿马塔·卡布阿。在德国统治期间，德国当局便与其家族合作以维持殖民统治，并称与其合作的卡布阿为"拉利克群岛之王"。马绍尔群岛独立后，阿马塔·卡布阿担任总统长达 17 年之久，其所采取的政策无疑塑造了马绍尔群岛的发展轨迹和马绍尔人的民族性格，在其之后的大部分总统都是酋长出身。同时，在政治体制方面，马绍尔群岛设立大酋长委员会与传统权利法院，以保护酋长的传统权威以及传统土地权利免受西方文明的冲击。

在阿马塔·卡布阿去世后，酋长对政治的控制逐渐减弱，并于1999年终结，其标志便是该年产生的首位平民总统凯塞·诺特上任，选举开始体现人民的意志。这一变化是传统文化和权力结构发生转变的标志。数世纪以来，马绍尔人生活在酋长支配的部落社会，酋长以土地所有制为基础，支配人们的政治、经济与社会生活，民众极少敢于反对酋长的权威。受西方文化的影响，民众逐渐开始在选举中表达自己的意志。虽然酋长地位依然崇高，但是民众不再把他们视为理所当然的领导人和最高权威。

第二节　国民生活

1. 一日三餐

很多马绍尔人在起床后会喝咖啡、茶，并吃少量早餐。早餐食物包括面包、水果、鱼或大米。马绍尔人一般会在工作或上学之前吃早餐。在过去，午餐是马绍尔人的主餐，也是最大最丰盛的一餐。直到今天，某些岛民依然将午餐视为主餐，他们会与家人一同进食最丰盛的午餐，用餐时间长达两三个小时。午餐一般为本地食物，包括蔬菜、水果、大米或水产品。对于居住于较大的市镇且有着严格工作时间要求的岛民来说，午餐较为简单，常在单位进食。对于以午饭为主餐的岛民来说，晚餐较为次要，并比较简单，常常是午餐所剩余的食物。对于在工作中进食午餐的岛民来说，晚餐是一天中最丰富的主餐，他们在下班后会和家人一起享用晚饭，用餐时间往往长达两三个小时。

2. 餐桌礼仪

随着旅游业的发展、外国游客的涌入，马绍尔群岛出现了很多专门为外国人提供服务的饭店，马绍尔人的餐饮也日渐多元化。马绍尔群岛的餐饮文化相对轻松，人们的用餐方式各种各样，所以各种不同的用餐方式都会被人们接受，即使碰到古怪的用餐方式，人们也只不过会多瞅几眼，而不会大惊小怪。

即使饮食文化千差万别，但也存在一定的餐桌礼仪，尤其是在和马绍尔群岛岛民一起吃饭时，需多注意餐桌礼仪以及他们的用餐方式，因为不同地区的岛民用餐方式也有差别。一般而言，当主人请客人就座时，客人应表示感谢，并尽力表达自己的善意。共享食物是马绍尔人的民族文化，当朋友甚至陌生人路过他们家时，他们会邀请朋友或陌生的路人一起品尝他们的饭食或饮品。在马绍尔群岛，亲属、邻居之间经常分享食物，他们认为食物应由所有人一起分享，甚至他们之间打招呼也非常类似中国的问候语——"你吃了吗？"所以接受马绍尔群岛岛民的食物是一种友善之举，拒绝食物则会触怒岛民。客人尽可能多吃是感谢主人好客之情的最好方式，但把所有食物吃光则会适得其反。

大多数马绍尔人用手抓饭吃，大人一般在喂饱孩子之后才会用餐。有些家庭会使用餐叉，或向客人提供餐叉，但这只是少数情况，并不是马绍尔人的传统用餐方式。当然，在饭店用餐时，饭店会提供刀、叉等餐具，在这种情况下，人们往往采用欧式用餐方式即左手拿叉，右手拿刀。但是总体来说，马绍尔人的餐桌礼仪较为轻松，几乎所有的用餐方式都会被接受。在饭店结账时，是不需要给小费的。

3. 饮品

在马绍尔群岛几乎可以买到所有流行的国际饮品，比如果汁、软饮料、茶和咖啡等。但是，真正具有南太风味的饮品则是卡瓦酒

（Kawa），它在马绍尔群岛一些岛礁上能够买到。卡瓦酒是用植物根配制的辛辣饮料，是将卡瓦根茎榨出汁液，然后添加水制作而成的。卡瓦酒也会醉人，但是喝卡瓦酒会使人情绪放松。虽然有些岛礁因酗酒问题而颁布过禁酒令，但在几乎所有的岛礁上都可买到酒。虽然马绍尔人比较喜欢啤酒和烈性酒，但是在大多数的旅店和饭店都可以买到其他种类的酒。一般来说，大多数岛礁上的自来水都可以安全饮用，但是，一些小岛上的自来水达不到饮用标准。因此，游客在饮用自来水之前，需要向当地人咨询，同时，在取自来水时也需要向当地人咨询其使用方法，因为马绍尔群岛的自来水设施和系统不同于许多国家。

4. 物价

最近几年，马绍尔群岛获得了中国台湾的大量经济援助。但是，人们普遍认为，鉴于美国与马绍尔群岛的密切经贸往来以及马绍尔群岛法定货币仍为美元，所以对马绍尔群岛经济影响最大的仍是美国，马绍尔群岛的通货膨胀发展轨迹与美国经济保持一致。尽管在 20 世纪 90 年代中期，马绍尔群岛的利率要高于美国的基准利率，但是，马绍尔群岛的通货膨胀率在大多数时候都较为适中。20 世纪 90 年代早期，马绍尔群岛的国内生产总值迅速增加，需求的快速增长导致通货膨胀加剧。但是，在 1999～2004 年，马绍尔群岛的通货膨胀得到缓解，并低于美国的水平。在 2004～2007 年，马绍尔群岛的通货膨胀率几乎与美国保持在同一水平上，后在 2007/2008 财年因食物与能源价格的上涨，而上升至 15%。在 2008/2009 财年和 2009/2010 财年，因美国商品价格的回落以及经济陷入衰退，通货膨胀率下降，分别为 0.5% 和 1.5%。尽管如此，在 2010/2011 财年与 2011/2012 财年，马绍尔群岛的通货膨胀率与美国的通货膨胀率出现差异，并因世界木材与能源价格的上涨而上升，分别为 5.5% 和 4.3%。总之，马绍尔群岛的物价是美国物价的真实反映，它们之间的差异是由于各自国民消费结构的不同造成的。不同于美国，马绍尔群岛居民消费价格指数中食品和燃料所占比率较高。

5. 就业

马绍尔群岛的失业率是以找工作的劳动力所占比率界定的[①]，根据 1999 年人口普查，马绍尔群岛的失业率为 31%。在 2004 年，失业率上升至 34% 左右，并在 2006 年进一步上升至 36%。年龄在 15~24 岁的青年人失业率相对较高，接近 63%。劳动力往往为一国之主要资源禀赋，就业机会的缺少会极大地阻碍国内生产总值的增长。青年人较高的失业率导致了严重的社会问题，包括吸毒、犯罪、辍学以及未成年人怀孕等。惨淡的就业前景使社会对教育的投入减少，失业的青少年常常拉帮结派，组织小团体，极易走上犯罪的道路。生长于单亲家庭且家长为青少年的孩子很容易陷入终身贫困。因经济压力大，许多家长将孩子送人抚养。如若没有家庭成员共享收入的传统规范，那么穷人的境况会更加恶化。20 世纪 90 年代末公营部门的裁员是造成移民美国人数剧增的原因。政府支付的大笔赔偿金使被裁员工有足够的金钱移民海外。

城市中心与全国其他地区的就业结构存在二元分化。马朱罗与埃贝耶的雇员从事正式的商品经济。鉴于居高不下的失业率，有固定工作的人往往需要养活一家人，显然这包括多个失业的家庭成

---

① Unemployment, total （ % of total labor force ） in Marshall Islands, http://www.tradingeconomics.com/marshall-islands/unemployment-total-percent-of-total-labor-force-wb-data.html.

员。2004 年，马朱罗的金枪鱼腰肉加工厂被关闭，600 名工人失业，其中大多数工人为女性，她们在失业后迟迟未找到新的工作。失业者极难重返农业，因为马绍尔群岛的土地资源较为紧缺，而且土壤也比较贫瘠。

因为外岛仍然盛行自给自足的农业经济，所以商品经济对外岛民众影响不大。以往，外岛居民依靠出售椰干增加现金收入。因为椰干价格波动较大、国内航运业总体状况恶化，外岛居民近年来开辟了新的创收渠道，依靠商业捕鱼、旅游业以及售卖手工艺品、珍珠和观赏鱼来增加现金收入。

在马绍尔群岛，公营部门一直是吸纳就业的第一渠道，截至 2012/2013 财年，公营部门雇员数量近 5000 人。第二渠道则是私营部门，在 2010/2011 财年，私营部门的雇员数量超过 4500 人，接近公营部门的雇员数量。如果不把夸贾林军事基地所提供的 1200 个工作岗位计算在内，那么公营与私营部门的雇员数量几乎占正式就业人员总数的一半。在 1999～2007 年，公营部门增设新的工作岗位以及私营部门的发展使得大量的马绍尔人获得了新的就业机会，虽然在此期间金枪鱼腰肉加工厂曾被关闭，后又重新开业，但就业状况保持良好，就业增长率在此期间年均为 3.5%，新增 2526 个工作岗位。但是，2007 年之后就业增长陷入停滞，新增工作岗位较少。公营部门的就业已达到峰值，政府机构的财政窘境使其倾向于缩小机构规模，裁减员工，因此，马绍尔群岛的就业前景仍取决于私营部门的发展状况，依靠私营部门而不是政府推动经济的增长。马绍尔群岛经济以服务业为主，政府的公共开支一直是促进服务业增长的主要动力，所以长久以来，就业机会大都是政府提供的，政府也由此决定了就业状况，而这在很大程度上阻碍了私营部门就业的增长。但是，缩小公营部门的规模会造成短期失业的增长，并加剧贫困。因此，放宽雇用条件以改善私营部门的就业前景势在必行。

在人才市场上，非熟练工人的过度供应与技术工人和专业人员的长期短缺形成了鲜明的对比，因此，马绍尔群岛不得不长期引入外国工人来填补缺口。马绍尔群岛政府致力于打造高效的教育体系，培养高校毕业生，提升失业者专业技能，缓解技术人才短缺的压力。对马绍尔群岛来说，并不存在培养的技术人才和专业人员的数量超过市场需求的风险，因为即使本地市场饱和了，这些人也可以前往更广阔的美国市场就业。

第三节　医疗卫生

据世界卫生组织统计，2013 年马绍尔群岛全国卫生总支出占国内生产总值的 16.5%，人均卫生支出为 703 美元。2010 年，马绍尔群岛平均每 1000 人拥有 2.7 张病床，平均每 1 万人拥有 6 名医生、2 名助产人员、1 名护士、10 名社区卫生工作者，而牙医的数量更少，其人口比例为 1:14286。[①]

一　医疗设施

马绍尔群岛有两家医院和 64 所医疗中心，其中两家医院分别位于两大城市和人口中心——马朱罗和埃贝耶，医疗中心则分散于外岛。马朱罗医院是马绍尔群岛最大的医疗机构，有 97 张病床，

---

① 世界卫生组织：《马绍尔群岛》，http：//www.who.int/countries/mhl/zh/。

并有来自其他太平洋岛国的医生坐诊。它可为病人提供综合内科、外科、妇产科、儿科、耳鼻喉科、眼科以及牙科等领域的专业服务。在日本政府的资助下，马朱罗医院的规模得到扩大，以应对人口增长所带来的医疗压力。2002 年，在美国与亚洲开发银行的资助下，马绍尔群岛修建了埃贝耶医院，它有 43 张病床，在综合内科、外科以及妇产科等领域为病人提供专业医疗服务。外岛的医疗中心仅提供基础卫生保健，一般由一位护士坐诊。在马朱罗还有一所菲律宾医生开设的私人诊所，名为 177 诊所，它专门为核试验受害者提供医疗服务。目前，有一位美国医生在该诊所坐诊。

二 公共卫生简况

马绍尔群岛的医疗体系已覆盖全国，收费也较为合理，医生每次出诊收费仅 5 美元。但是，它的医疗服务质量出现了二元分化，城市中心的医疗服务水平较高，设施较为完善，而外岛的医疗中心仅提供基础医疗服务，医护人员只能靠一个小药房给病人抓药治病，马朱罗医院对他们的协助仅靠高频电台。当出现医疗紧急情况时，则需要通过船只或飞机将病人送往马朱罗。交通不便使外岛民众在接受医疗服务时非常受限制。虽然近年来，马绍尔群岛的医疗设施与服务得到很大改善，但是它难以为马绍尔人提供先进的医疗服务。这也成为近年来马绍尔人移民美国的主要原因。

马绍尔群岛常见的传染性疾病主要有变形虫病、结膜炎、痢疾、病毒性肠炎、淋病、流行性感冒、麻风病、疥疮、梅毒以及结核病等。落后的卫生设施和供水系统、不注重个人卫生以及人口拥挤是造成传染性疾病增多的原因。随着色情业的发展以及外国捕鱼船的涌入，马绍尔群岛的性传播疾病发病率出现增长的趋势，其中艾滋病毒感染病例增长显著。马绍尔群岛已发现 14 例艾滋病毒感染病例，其中两例已经发展为艾滋病。大多数感染者年龄低于 30岁，其中女性感染者的数量增长明显。

马绍尔群岛的主要非传染性疾病是糖尿病，据 2008 年统计，罹患糖尿病的成年公民占总人口的 28.7%，[①] 肥胖率在 2014 年已增至 42.3%，糖尿病现已成为马绍尔群岛人民的头号健康杀手。近年来，高血压和心脏病患者也出现了上升的趋势。不良的饮食习惯、酗酒、抽烟以及缺少锻炼是造成这些健康问题的主要原因。

癌症是马绍尔群岛的第二大致死病因，主要包括宫颈癌、乳腺癌、肝癌、甲状腺癌和肺癌，癌症患者多数为女性。马绍尔群岛居高不下的癌症发病率主要是美国于 1946～1958 年在比基尼环礁和埃内韦塔克环礁进行的核试验导致的。对 1985～1999 年癌症发病率的调查研究发现，马绍尔群岛的乳腺癌与甲状腺癌的发病率是八个北太平洋岛国中最高的，这两种癌症被认为是核辐射导致的。除了癌症，调查人员研究发现，马绍尔群岛是甲状腺囊肿高发区。1998 年，美国疾病控制与预防中心估计，美国在马绍尔群岛进行的核试验向马绍尔群岛的大气层中释放了 63 亿居里的放射性核素碘 – 131，这比切尔诺贝利核灾难所释放的 4000 万居里碘 – 131 多150 倍。碘 – 131 往往停留在人的甲状腺之中，并对其造成严重损害，导致癌变。

除此之外，马绍尔群岛还存在儿童营养不良、未成年人怀孕以及癌症发病率增高等健康问题。近年来，儿童营养不良问题未得到

---

① Western Pacific Health Databank, 2012 – 2013: Marshall Islands, http://www. wpro. who. int/countries/mhl/16_ mhl_ 2012_ final. pdf? ua = 1.

缓解，依然严峻。1~5 岁年龄段儿童的营养不良问题尤其严重，据统计，这一年龄段的儿童中 60% 缺乏维生素 A、25% 缺铁，两者都缺乏的儿童占三分之一。这些统计数据与 1994 年的调查结果相一致。

未成年人怀孕也是长期性问题，较高的未成年人怀孕率导致低出生体重婴儿数量增加。虽然全球青少年生育率有所下降，但是马绍尔群岛的青少年生育率在 2004 年是太平洋岛国中最高的，并且当年全国五分之一的孕妇是青少年。未婚先孕往往使青少年陷入贫困之中，从而加剧了全国的贫困状况。

三　公共卫生政策

马绍尔群岛政府关注国民健康问题。因此，它的目标是通过基础医疗保健增强每个社区、家庭以及个人的自我保健能力，并为国民提供价格合理且优质的医疗服务。社会是由个人组成的，所以马绍尔群岛政府从个人着眼构建医疗体系，激励人们养成良好的生活习惯，从而改善国民的健康状况。为此，马绍尔群岛政府制定和实施了一系列公共卫生政策和医疗保健项目。

1. 加强人力资源开发，提高医务人员的素质与技能

2001 年，马绍尔群岛政府制定了国家战略发展规划《远景2018》，强调开发人力资源潜力，提升教育质量和建设其他优先发展项目。该规划致力于通过培养国民具有国际竞争力的素质、能力以及对待社会与工作的积极态度来发展知识经济。马绍尔群岛政府的优先发展项目包括通过完善教育体系扩大本土医务人员队伍，创造和扩大本土医务人员提升技能的机会，以及通过职业培训建设可持续发展的医疗队伍和推进医学继续教育项目。

大多数医务人员都希望获得参与医学继续教育项目的机会，尤

其是在职培训的机会。卫生部和医院管理人员也都积极为医务人员的职业发展创造机会。为规范医务人员的职业发展，马绍尔群岛设立了卫生职业许可委员会（Health Professions Licensing Board），规范在职培训。美国护士领导委员会和马绍尔群岛护士协会都要求其成员参与医学继续教育项目。这些年来，马朱罗和埃贝耶的一些医生和护士一直全力发展和完善医学继续教育项目。如今，参与医学继续教育项目还不是晋升的标准，依然存在许多体制障碍需要消除。

2008年，卫生部对20名外岛护理人员开展为期18个月的培训。这些护理人员于2010年完成培训。卫生部和南太平洋大学达成培训协议，输送其中的9名护理人员进入南太平洋大学马朱罗分校接受数学等基础课程培训，为其日后进入斐济医学院深造做准备。2011年7月，这9名护理人员正式入学南太平洋大学接受课程培训。卫生部通过校长全程跟踪他们的学习。卫生部每年向校方支付100美元的注册费，并为他们提供交通补贴等费用。在他们毕业后，卫生部依然为他们的职业发展提供财政支持。

2. 加强宣传，提高国民防癌意识，实施定向医疗保健项目，为核试验受害者提供医疗服务

马绍尔群岛政府将每年2月的第一周定为"癌症宣传周"。在宣传周，卫生部和地方的志愿者一起组织各种活动，提高国民的防癌意识。同时，为加强宣传，卫生部发起"癌症综合控制项目"，每周在地方报纸刊登防癌宣传广告和文章，并通过社区延伸服务向教会、学校和妇女团体宣传防癌知识。截至2010年，卫生部通过社区延伸服务和其他活动已发放约2000份癌症防治手册，在地方报纸已刊登了21篇防癌文章和宣传广告。卫生部制定了宫颈癌、

大肠癌和乳腺癌的筛查指标，并与"癌症幸存者支持小组"一起为癌症患者、癌症幸存者及其家人提供各种医疗服务和治疗协助。2009/2010 财年，卫生部发起"埃贝耶癌症控制项目"，帮助女性市民防治宫颈癌与乳腺癌。

在 1986～2003 年，马绍尔群岛实施了"定向医疗保健项目"（"177 卫生保健计划"），向 1000 名国民提供综合卫生保健服务，包括核辐射受害者、核移民以及居住于朗格拉普、比基尼和埃内韦塔克等环礁的核移民后代。"177 卫生保健计划"基金和卫生部的其他项目资金主要用来弥补美国逐渐减少的外援资金，因此资金总额较少。同时，美国能源部也实施项目向 270 名马绍尔群岛核辐射受害者提供筛查与治疗服务。

3. 设立国家营养和儿童委员会，实施"母乳喂养政策"，并加强对儿童营养状况的监控

1991 年，马绍尔群岛设立了国家营养和儿童委员会，由其负责制定有关食品、营养和儿童健康的政策。委员会主席隶属于政府秘书长办公室，委员会秘书处则由内务部督管。国家营养和儿童委员会设立工作委员会——食品与营养工作组，由其起草了国家农业、食品与营养政策，并得到内阁的批准。

国家营养和儿童委员会起草了"母乳喂养政策"，并将其提交给内阁。1996 年，卫生部首先制定并实施了"母乳喂养政策"，并设立母乳喂养委员会以监控医院与医疗中心的母乳喂养情况。"母乳喂养政策"主要在城市中心的两个医院和外岛的医疗中心实施。为配合这一政策的实施，马朱罗医院发起了"爱婴医院倡议"。马绍尔群岛于 1995 年设立了母乳喂养辅导与培训中心，以指导和培训卫生保健人员、护理人员和妇女组织工作人员，并设

立了"母乳喂养宣传周"。卫生部通过产前、产后与婴儿护理服务，以及社区延伸服务和媒体等渠道向民众普及母乳喂养知识，并通过培训会议和社区延伸服务向民众发放《母乳喂养宣传手册》和其他材料。

卫生部通过医疗机构和社区延伸服务定期收集有关婴儿出生体重、婴儿喂养、儿童发育、肥胖症、孕妇与儿童的营养性贫血、维生素 A 缺乏症等信息，并对儿童哺育、儿童发育、营养性贫血、家庭营养、维生素 A 缺乏症、水质以及非传染性疾病的危险因素展开专门研究。1995 年，卫生部与美国约翰·霍普金斯大学就马绍尔群岛的营养不良与营养过剩状况联合展开研究，并制定相关防治措施。

第四节　环境治理与保护

马绍尔群岛由地势低洼的珊瑚礁组成，陆地面积极其有限，独特的地理特点使马绍尔群岛在自然灾害和人为的环境破坏面前非常脆弱。虽然马绍尔群岛政府制定了一系列环境保护条令和法律，但是成效不大，难以遏制生态环境的恶化。为解决执法不力的困境和提升环境保护水平，马绍尔群岛政府现已将环境保护纳入国家发展战略规划，实施生态可持续发展战略，增强环境的可再生能力。

一　环境问题

马绍尔群岛属于太平洋生态脆弱区，它所面临的环境问题比世界其他国家更加复杂和严重。狭小的国土面积与低海拔使得马绍尔群岛在自然灾害面前极其脆弱，同时，超过环境承受能力的人类发展也使环境问题日趋严峻。环境问题已威胁到马绍尔群岛的存在与发展，成为亟待解决的头等课题。

1. 人口压力与城市的畸形扩张

独立后，马绍尔群岛经历了人口快速增长期，大量人口涌入城市尤其是埃贝耶与马朱罗，导致城市人口膨胀和城市过度拥挤。现在大部分国民居住于埃贝耶与马朱罗，居住在外岛的民众则不到人口总数的三分之一。截至 2003 年，在马朱罗环礁人口最稠密的 DUD 社区，人口密度已达到每平方千米 11730 人。埃贝耶的人口密度则更高，达到每平方千米 25783 人。不断加大的人口密度以及市民对罐装和塑料包装食品的喜好严重影响了环境。

城市人口的快速增长与人口密度的不断升高已成为马绍尔群岛面临的主要环境问题。调查资料显示，在位于马朱罗环礁人口稠密区的耶洛克村（Jenrok），天然林木已全部消失，不仅包括内陆的天然林木也包括沿海的天然林木，这导致海岸受到侵蚀。水质检测结果显示，耶洛克村的井水和雨水汇水区含有大量的大肠杆菌，这是很多村民罹患水传播疾病的重要原因。另外，由于有些家庭缺少厕所设施以及沿海地区建有牲畜棚圈，村子附近的海水受到严重污染。同时，大量的固体垃圾导致村子环境极差，影响村民健康。

在马朱罗和埃贝耶，在环境脆弱地区出现严重污染和关于土地使用权的争端，并使环境迟迟难以得到改善。虽然 1987 年政府颁布了《土地利用规划、城市分区和建筑条例法令》，并要求地方政府严格执行该法令，但是，地方政府因其行政能力问题未能很好地

贯彻。

政府机构之间缺乏协作也影响了环境保护的成效。亚洲开发银行的研究报告指出，马绍尔群岛的中央政府机构与地方政府机构之间缺乏协作，已经导致城市建设陷入盲目发展，政府机构之间加强协作成为马绍尔群岛环境改善的关键。

2. 全球气候变暖，海平面上升

"温室气体"的大量排放造成的"温室效应"，已经使得全球气候变暖。在工业文明兴起之前，地球上的二氧化碳含量基本是恒定的。在 1860 ~ 1910 年，人类每年的二氧化碳排放量增长率仅为 4.22%，年均排放量仅有 9 亿吨。这一趋势在 20 世纪 80 年代发生变化，此时全球二氧化碳年排放量已增至 50 亿吨。这些新增的二氧化碳源自人类大规模地使用石油、煤、天然气等矿物资源。自 1860 年有气象仪器观测记录以来，全球的平均气温升高了 0.6℃。气温最高的 13 个月均出现在 1983 年之后。更糟糕的是，全球气候还将持续变暖。由联合国环境规划署和世界气象组织共同发起、于 1988 年成立的政府间气候变化专门委员会已经向人类发出了最严厉的警告，过去的 100 年地球表面平均温度上升了 0.74℃，按照目前的情况发展，未来的 100 年将上升 1.1℃ ~ 6.4℃，人类将完全进入一个变暖的世界。全球气候变暖带来的最严重也最为直接的后果就是全球海平面上升。

21 世纪以来，全球气温正以每年 0.1℃ 的速度上升，而全球海平面平均上升了 11.5 厘米。曾有人预言，如果南极冰川全部融化，全球海平面将上升 70 米，即使只有 10% 的冰川融化，也将导致整个地球海平面上升 7 米。海水上涨将会淹没海拔较低的南太平洋地区。平均海拔仅有 2 米的马绍尔群岛对于全球气候变暖导致的海平面上升给予严重关切，并表示出强烈的不安。[①]

国际气候变化小组预测的海平面上升给马绍尔群岛带来了现实性的威胁。许多年来，马绍尔群岛政府一直关心全球气候变化的问题。在20世纪90年代初，马绍尔群岛委托外国学者就气候变化对海平面上升的影响进行研究。一位与马绍尔群岛政府签约的哈佛大学科学家带领一支来自马绍尔群岛环保局的队伍，于1992年完成了这项研究。该研究报告已经被列入政府间气候变化专门委员会的参考书目中。

马绍尔群岛1225个小岛分散在200多万平方千米的海面上。这些小岛的平均海拔为2米。利基普环礁是马绍尔群岛最高的陆地区域，该环礁的最高海拔只有6米。脆弱的珊瑚礁是马绍尔群岛应对海浪的唯一防线。在被海水覆盖的区域，珊瑚礁仅高出海平面0.6米。其他区域的珊瑚礁则被海水淹没。全球气候变暖已使马绍尔群岛出现了严重的干旱，台风同时增多。海平面上升加剧了海岸受侵蚀程度，并导致洪灾的发生。海平面上升会使岛礁上宝贵的淡水透镜体[②]中出现盐分。海水温度的上升也直接破坏了珊瑚礁的生态系统。根据亚洲开发银行所开展的海平面上升风险评估，马绍尔群岛附近的海平面每十年上升10厘米，高于20世纪全球海平面上升的速度（每十年升高0.9~1.8厘米）。

马绍尔群岛位于开阔的海洋中，且海拔非常低，因此当有潮水和风暴的时候，这些岛礁是极其脆弱的。尽管这些岛礁不可能完全

[①] 彭朝：《南太平洋地区环境问题及岛国环境外交——兼论中国回应》，华中师范大学硕士学位论文，2012，第10页。

[②] 珊瑚岛礁淡水透镜体是海岛上宝贵的可再生地下淡水资源，是从海岛上一层层累积、渗透、过滤出来的地下水源。但是由于受地面腐殖质等有机物污染，透镜体淡水色度高、有异味，不能直接饮用。

避免气候极端变化带来的影响，但是当地风俗认为，马绍尔群岛是上帝赐予的避难所。这一观念逐渐成为民族社会文化的一部分。然而，鉴于海平面的上升和风暴的频发，马绍尔群岛面临的危险也与日俱增。马绍尔人将可能成为众多首批环境难民之一。这对马绍尔群岛及其邻国都会产生影响。马绍尔群岛是面对全球气候变化这一问题的"前线国家"。

鉴于以上原因，马绍尔群岛共和国积极地参与《联合国气候变化框架公约》的讨论和条款的制定，并且会一直积极地参与下去。

3. 固体垃圾污染

随着人口的快速增长以及城市规模的扩大，马绍尔群岛面临的另一个比较急切的环境问题就是固体垃圾的增多。

自人类社会进入工业时代以来，人类生产和生活所产生的固体垃圾便一直呈几何速率增长，固体垃圾的数量和种类日益增多。因为马绍尔群岛具有不同于世界其他国家和地区的特点，这一问题在马绍尔群岛更为突出。

这些特点主要包括：一是马绍尔群岛国土狭小，陆地面积有限，周围全是海水；二是国民饮食结构发生变化，生活方式日益现代化，每年进口大量的罐装和塑料包装食品；三是经济落后，缺乏卫生设施和垃圾处理设施；四是民众缺乏环境保护意识。

这些特点造成马绍尔群岛缺乏有效的措施处理固体垃圾污染问题，出现了很多的"先天不足"。由于陆地面积极其有限，岛上可供处理固体垃圾的场所很少，加上垃圾处理设施的缺乏，固体垃圾长期得不到有效处理。政府措施不当、技术人才的短缺以及相关技术的落后，使得岛国对固体垃圾处理不当，破坏了当地的生态环境。

在马绍尔群岛，政府负责收集垃圾，通过税收支持其公共垃圾收集系统。然而，这一系统在 2006 年末崩溃，因此只能使用海外融资机构提供的老化设备收集一半岛屿的垃圾。其他一些国家机构——卫生部、环保局和马绍尔群岛旅游局，也负责收集垃圾，并且拥有雇员、设备和预留资金，为这一项目服务。另外，公共工程部也参与进来，负责管理马朱罗的垃圾场。

卫生部负责处理或掩埋医疗垃圾和其他固体垃圾，而马绍尔群岛旅游局负责收集一小部分公共区域的垃圾。环保局参与区域援助项目，负责收集铅酸电池并把它们送往海外处理，但实际上电池并未回收，也没有被运往海外处理。

除了国家和地方政府采取的措施，还有 100 多家企业、政府机关和私营部门收集自己或别的国家的垃圾。两家私营部门从拾荒者那里收购铝罐和其他金属制品并销往海外。一家非政府组织寻求海外发展基金的支持，制定了马朱罗地区垃圾回收方案。

马绍尔群岛旅游局、100 多家企业、政府机关和私营部门收集的固体垃圾存放在一个破败不堪、缺乏管理的垃圾站。这个垃圾站面积很大，从镇中心蔓延至几英里以外的海岸和迎风礁。马绍尔群岛政府负责管理垃圾站。然而，马绍尔群岛只有一半地区设有垃圾站或其他回收站。其他地区要么直接将垃圾倒在海滩上，要么送往岛周围许多非法的垃圾站。甚至由于垃圾站设计不合理，大部分垃圾被倒入垃圾站后，流向了大海。另外，固体垃圾处理场的选址不当，也造成了很严重的环境污染。

岛上的固体垃圾主要包括人们日常生活和生产而产生的塑料、废渣和不可降解的废弃物等。这些含有大量污染物质的固体垃圾，严重破坏了生态环境，而且它的污染过程是潜在而长期的。含有有害物质的固体垃圾通过各种途径进入水体或供人们食用的动植物富集，从而导致当地居民罹患各种疾病。所以，固体垃圾污染影响范围大、时间长，造成的伤害甚至是无法挽回的。[①]

4. 海岸侵蚀与海洋污染

导致马绍尔群岛海岸受到侵蚀的自然因素和人类活动主要包括海平面上升、风暴潮、地层下陷、荒地开垦、垃圾填埋场与防波堤设计不当、挖沙与采矿作业、沟槽爆破以及破坏植被等。

1997年，南太平洋应用地球科学委员会研究发现，马朱罗环礁的海岸和潟湖岸正在受到侵蚀，海岸线已后退20米。完整无缺的珊瑚礁被公认为海岸的理想守护者。但是，近年来基础设施的兴建使马绍尔群岛对沙土和砾石的需求大增。随之而来的对珊瑚礁和潟湖岸的开采，使得马朱罗环礁许多地方的海岸侵蚀程度大大恶化。

马绍尔群岛的海域面积极其宽广，但同世界其他地区的海域一样，深受海洋污染的困扰。城市中心附近的海洋污染尤其严重，其原因主要包括：一是最为常见的漏油。每年全球各地海洋漏油事故层出不穷，马绍尔群岛也未能幸免。二是捕鱼船和其他船只向海里扔的垃圾。每年有大量远洋船只前往马绍尔群岛附近海域捕鱼，很多船上的垃圾被船员直接倾倒在海洋里。绝大部分渔船是外国船只，这造成了执法困难，很多时候当地政府对非法倾倒垃圾的行为颇感无奈。三是对港口管理不当。马绍尔群岛各港口大小不一，大多治理较差、管理不到位，也是造成本地区海洋污染的原因之一。

---

① 彭朝：《南太平洋地区环境问题及岛国环境外交——兼论中国回应》，华中师范大学硕士学位论文，2012，第12页。

四是沿海的牲畜棚圈以及居民生产生活垃圾所造成的污染。2004年，专家对耶洛克村附近海域水质检测结果显示，该村附近的海水污染严重，已不适于捕捞海鲜和开展海洋休闲旅游业。

二　环境保护措施

1. 加强机构建设，整合科技政策

1984年，马绍尔群岛国会批准了《国家环境保护条令》，并在1987年对其进一步修改。该条令要求设立环境保护局，界定了环保局的权力、责任、功能，制定了政府环境保护行动应依据的一般性规则。颁布该条令的目的是将科技政策纳入马绍尔群岛的环境保护战略和可持续发展计划，并界定清楚中央与地方政府以及各政府机构在环境保护方面的责任和权力。《国家环境保护条令》的第四部分第三十三条款（a）分款明确将环境保护纳入可持续发展战略之中，它规定马绍尔群岛政府的各部、局、办公室、机构在关涉环境问题的一切事宜上，必须采用系统的跨学科方法，确保在规划与决策中综合使用自然与社会科学、传统智慧及环境设计艺术等领域的知识与方法。在该条令的实施和执行上，一切政府机构都负有责任。另外，它责令各部制定执法程序，并厘清环保责任。

2. 将环境保护纳入国家发展规划，加大对生物多样性的保护力度

2001年，马绍尔群岛政府制定了国家发展规划即《远景2018》，用以指导国家的可持续发展。《远景2018》确立了10个国家重点项目，克服马绍尔群岛独立后面临的重大挑战。这些重点项目形成了一套综合性的政策，致力于促进可持续的宏观经济发展与人力资源开发，指导外岛、生产性部门与科技的发展，保护民族文

化与传统。政府提出了两个关键性的环境目标，即加强环境执法以确保自然资源得到可持续利用，强化环境制度和相关机构的建设以确保国际和地区组织与援助国对马绍尔群岛的支持。马绍尔群岛政府已经认识到可持续发展的重要性，已经将环境保护纳入国家发展规划，批准并自觉遵守国际环境公约。

在保护生物多样性上，马绍尔群岛已经取得显著的进步。它已经批准了三项国际公约，即《世界遗产公约》、《国际湿地公约》和《生物多样性公约》。这三项公约具有相似的目标，即保护世界自然和文化遗产地。世界自然和文化遗产地的资源可以被利用开发，但是其利用、开发的方式必须是可持续的。作为三项公约的成员国，马绍尔群岛有责任和义务制定管理方案以确保其世界自然和文化遗产地的生态特性得到保护，并提高人民保护民族遗产和环境的意识。

根据《国际湿地公约》，马绍尔群岛划定了其首个国际重要湿地——贾卢伊特自然保护区，制定了贾卢伊特自然保护区管理方案。该方案是马绍尔群岛政府在广泛征集和听取国内外意见的基础上制定的，它将马绍尔群岛对海上禁捕区、红树林海区（mangrove areas）和传统禁地（mo）的保护与旅游开发结合起来，发展生态旅游业和传统手工艺产业。

根据《生物多样性公约》的要求，马绍尔群岛政府发布了两份关于生物多样性的报告，即《马绍尔群岛——居于生命之海的活力环礁》与《马绍尔群岛生物多样性公约执行能力建设需要评估：建议与报告》。第一份报告对马绍尔群岛的生物多样性进行了细致的考察与分析；第二份报告对负有环境保护职责的重要政府机构和非政府组织的制度建设、组织能力和人力资源状况进行了全面评估。

马绍尔群岛根据《生物多样性公约》设立的自然保护区和实施的遗产保护政策大大缓解了生物多样性面临的威胁。这些威胁包括传统粮食作物的消失、过度捕捞、非法捕捞、城市过快发展、人口过快增长、环境污染、全球气候变化、海平面上升和外来物种入侵等。在实施《生物多样性公约》后，马绍尔群岛向世界遗产委员会提交了马绍尔群岛世界遗产预备名单和贾卢伊特自然保护区计划，准备进一步扩大自然保护区的范围。

第六章

文　化

第一节　教育

长久以来，马绍尔人依靠传统教育传承古老的智慧与技艺，但西方殖民者的到来打破了传统教育的垄断地位，西方传教士引入的西式教育兴起。此后传统教育与西式教育长期并存于马绍尔群岛，传统教育日趋没落。1986 年独立后，马绍尔群岛参考美国的教育模式建立了自己的教育体系，该教育体系由公立教育系统和私立教育系统组成，主要包括 8 年初等教育（1～8 年级）和 4 年中等教育（9～12 年级）。每一学年开始于 9 月，结束于次年 6 月。公立学校实行免费教育，但教学设施不完善，教学质量较差。私立学校收费较贵，但教育资源充足，教学质量较好。

一　教育简史

1. 西方入侵前的传统教育

马绍尔群岛的传统教育古老而久远，可追溯至第一批移民在该地定居时期。传统教育通过一些方法比如口耳相传，将年老一辈的知识与经验传授给下一辈。传统教育将马绍尔群岛有关农业、捕

鱼、天文学、航海、医学、造船以及建造房屋等知识世代传承下来，马绍尔人依靠这些知识在贫瘠的岛礁上成功地生存和发展起来。由此可以说，在知识的传承性以及实用性上，传统教育是成功的。

传统教育传授知识的方法主要是口授与视觉观察，因此，记忆力在传统教育中的作用要远大于其在西方教育中的作用。高超的记忆力以及诸如航海图之类的助记工具使知识以很高的准确度实现了代际传承。在传统教育中，视觉观察也很重要，只有通过对授课模型及其相互间的关系进行细致而耐心的观察，才能获得有关天气、潮汐、动物的生活习性或木工技艺等方面的知识。通常来说，传统教育针对不同的性别传授不同的知识，男孩学习捕鱼，女孩学习针织园艺。舞蹈、政治会议以及造船等都对儿童开放，没有限制。父亲常常把自己的孩子带到造船作坊，让孩子观看传统独木舟的制作过程。女孩学习农产品收割技巧、厨艺以及将棕榈叶编织成篮子的基础知识。她们通常在 6 岁或 8 岁之前就开始通过实践学习各种技能。

传统教育以实践为主，其教育方法是在干中学。农耕技术、建筑方法甚至医学与航海知识都是通过实践操作进行传授，而不是通过学习相关理论来传授。传统教育中的一些知识是秘不外传的，也就是说它们是氏族中某些人的专有知识，而不是所有人能共享的知识。虽然许多技能和知识能被共享，成为共享的知识，但是有些知识和技能则是由一些人或阶层垄断。

2. 西方大国统治期间的教育

马绍尔群岛的西式教育是由西方传教士引入的。1857 年，美国传教士抵达埃邦环礁，随后陆续在 22 个环礁上建立了教会学校。在德国统治期间，德国传教士在马绍尔群岛开办天主教会学校。德国传教士开办的学校是参照德国公立小学的模式建立的，由传教士和修女担任教师，教授德语，学制为 6～8 年。德国传教士在贾卢伊特环礁开办的圣心学校成为德属密克罗尼西亚地区最好的学校，规模庞大，有 80 名学生。这些教会学校在德国和日本统治期间一直开放，直到二战前不久才关闭。在日本统治期间，日本当局在马绍尔群岛建立了基本公共教育体系。学校的主要任务就是教授日语，外加音乐、算数和手工艺等课程，且以日语授课。

二战期间，美军占领马绍尔群岛后即鼓励西方传教士恢复教学活动，但是在战争期间教会学校遭到严重破坏，只有极少数学校能重新启用。美国海军于 1945 年 6 月在埃贝耶建立了一所口译学校，有 25 名马绍尔人完成了为期十二周的课程。美国海军还在马朱罗和埃贝耶的劳工营建立学校，教授英语。1945 年 9 月，位于马朱罗的一所教师培训学校招收了 50 名师范生。一年后，这些师范生被分派到各地去开办学校，他们再招收 50 名师范生进行为期一年的培训。当首批师范生返回马朱罗接受第二年的培训的时候，第二批师范生就代替他们在学校工作。这种循环一直持续到 1950 年 12 名学生在马绍尔群岛第一所中学毕业为止。

1947 年 7 月，联合国将马绍尔群岛交由美国委托管理，马绍尔群岛自此成为美国太平洋岛屿托管地的一部分，由美国海军管理。1951 年 6 月美国内政部取代海军获得马绍尔群岛的管理权。随后，美国成立了太平洋岛屿托管地教育部，并在托管地各行政区设立分支机构。马绍尔群岛行政区教育局具体负责马绍尔群岛青年的教育工作。1962 年，马绍尔群岛中学增设 10 年级，并在此基础上每年增设一个年级，直到 1965 年马绍尔群岛中学首届学生毕业。

20 世纪 60 年代，马绍尔群岛纷纷建立学校，教师规模也迅速扩大，大批美国签约教师及和平队志愿者（Peace Corps Volunteer）进入马绍尔群岛支教，许多人通过教师培训获得高中同等学力以上的文凭。1968 年，总部设在波纳佩岛的密克罗尼西亚教师教育中心在马绍尔群岛设立分支机构——马绍尔群岛教师教育中心，马绍尔群岛的教育体系日臻完善。

20 世纪 70 年代，马绍尔群岛开始注重理科教师的培养。密克罗尼西亚教师教育中心在正式改组为密克罗尼西亚学院后，在每个托管地行政区设立了教育推广中心教授大学课程，很多马绍尔人获得了理科副学士学位，扩大了马绍尔群岛理科教师的规模。马绍尔群岛开始与其他国家联合开发课程和编写教学材料。密克罗尼西亚地区许多本土学生（包括马绍尔人）在毕业后进入托管地教育部的各级机构，取代了教育部的外籍人士，使教育机构逐渐实现本土化。

3. 自治与独立后的教育

1979 年，马绍尔群岛否决了密克罗尼西亚宪法公投，成立立宪政府，获得自治地位。新成立的政府在 1981 年组建了马绍尔群岛教育部，取代原马绍尔群岛行政区教育局管理教育事务。其后马绍尔群岛政府陆续颁布了《1991 年教育法令》和《教育部规章制度》。马绍尔群岛教育部部长为内阁成员和国会议员，原马绍尔群岛行政区教育局总监改任马绍尔群岛教育部秘书长。

1981 年，在密克罗尼西亚联邦土地基金的资助下，密克罗尼西亚学院在马绍尔群岛实施教育合作推广项目，提供实用性、非学历教育，其主要课程为农学、自然资源科学及家政学等科目。1989年，密克罗尼西亚学院董事会发布宪章，将马朱罗分院改组为密克罗尼西亚—马朱罗学院，马朱罗学院获得较独立的地位，该宪章也将其指定为提供中学后（post – secondary）教育的机构。在 20 世纪 80 年代，马绍尔群岛面临的主要教育问题是学龄人口的快速增长、教育基础设施负荷过重以及教育投入不足。在 1988 年之前，由于缺少来自海外的教育援助，教育资金缺口一直未能得到弥补，这些问题未能得到有效的解决。

20 世纪 90 年代，美国对马绍尔群岛恢复了部分教育援助，使教育问题得到缓解。1989 年美国内政部资助马绍尔群岛实施"十年教育总体规划"，启动、扩展及改善针对特殊群体的特殊教育，研发新的课程教材，开展针对教师及职员的分期培训，购买教学设备以提高教学质量。1991 年，密克罗尼西亚—马朱罗学院更名为马绍尔群岛学院。两年后，马绍尔群岛学院正式独立，成为一所拥有独立董事会的教育机构，自此马绍尔群岛拥有了自己的大学。

二　教育体系

马绍尔群岛参考美国教育模式建立其教育体系，它分为公立系统与私立系统，主要包括学前教育、初级教育、中等教育、特殊教育、职业和非正规教育、高等教育。

1. 学前教育

在 1991 ~ 2005 年，马绍尔群岛教育部在美国联邦补助基金的资助下，通过"启蒙计划"（Head Start Program）向学龄前儿童提供学前教育，该基金每年向"启蒙计划"提供约 200 万美元的资助（2002/2003 财年减为 80 万美元）。在实施之初，"启蒙计划"只针对 3～6 岁的儿童，但因申请人数过多，所以政府把入学年龄定在 5 岁以下。因此，在实际操作中，实施"启蒙计划"的启蒙中心更像是幼儿园，而不是学前教育中心。

虽然"启蒙计划"是公立学校提供学前教育的唯一渠道，但是许多私立学校亦设立幼儿园，提供学前教育。马朱罗和埃贝耶就建有一些私立学前教育中心。"启蒙计划"的宗旨是提供学前教育和提高学生的学习技能，为学生接受初等教育做准备。因为马绍尔群岛的教育成效堪忧，所以该计划的实施能使学龄前儿童获得学校教育方面的启蒙。21 世纪初，太平洋教育与学习资源中心对学龄前儿童开展了学习技能水平测试，结果表明参加"启蒙计划"的儿童学习技能要高于没有参加该计划的儿童。

启蒙中心不向学生收取任何学费，还提供一顿校餐和基本的体格检查，若家长或监护人需要的话，亦可向他们提供教育咨询与辅导。"启蒙计划"由遍及全国的启蒙中心实施，授课教师都是幼师专业毕业。据教育部统计，2003 年有 1560 名学生（649 名男生、911 名女生）参加"启蒙计划"。根据 1999 年的人口普查，这一数据约占全国 3～5 岁年龄段儿童总数的 29%。

进入 21 世纪后，美国联邦补助基金逐渐缩减了对马绍尔群岛教育援助的金额，并最终停止援助。马绍尔群岛教育部在 2005 年实施了面向全国的"公立幼儿园计划"，以取代"启蒙计划"。该计划面向全国，对所有儿童开放，并在每个公立小学都设有学前班，大大扩展了学前教育的覆盖面。因受美国联邦补助基金管理条例的限制，早先实施的"启蒙计划"只向全国三分之二的学校开放。南太平洋大学马朱罗分校被指定为学前教育教师培训中心，并能为幼儿教师提供学位课程和幼儿教师资格证书。

2. 初等教育

马绍尔群岛对年龄在 6～14 岁的儿童或 8 年级毕业前的儿童实行免费教育。截至 2013 年，马绍尔群岛全国共有 80 所公立小学，其中 8 所位于马朱罗，1 所位于埃贝耶，其余的学校则分散在外岛。私立小学有 13 所。公立小学共有 93 座教学楼，341 间教室。在这些教学楼中，89% 的使用年限已经超过了 20 年，有 18 座必须重建，40 座需要大修，20 座需要小修，共有 60 座教学楼没有电力供应。随着亚洲开发银行支援项目的完成，20 所没有厕所设施的小学添置了厕所设施，30 所没有饮用水的小学也添置了饮用水设施。大部分小学教师在外岛工作，由于外岛人口较少，所以外岛小学师生比非常低。截至 2014 年 6 月，公立小学共有 9588 名学生，私立小学有 2063 名学生。位于马朱罗市中心的公立小学规模较大，有 500 多名学生，其余位于郊区的学校规模较小，学生在 100～500 人。位于夸贾林环礁的埃贝耶小学是全国最大的小学，在校学生超过 1000 人。

3. 中等教育

马绍尔群岛的中等教育是 4 年制，为 9～12 年级。截至 2013 年，全国共有 6 所公立中学，11 所私立中学。公立中学中有 3 所位于马朱罗环礁，1 所位于夸贾林环礁，2 所位于外岛即贾卢伊特环礁与沃杰环礁。中等教育以地区为单位组织实施，许多离学校较远的学生在学校寄宿，外岛的 2 所公立中学均为寄宿学校。截至 2014 年 6 月，公立中学共有 2158 名学生，私立中学有 739 名学生。在公立中学教师中，约有 36% 的教师具有本科和研究生学历，

32%的教师有教师资格证书。

近年来，教育部中等教育司已在研发中学课程，中学课程的研发与实施对提高教学质量十分关键。它在全国范围内对 10 年级和 12 年级学生的课程进行了评估。

向中学适龄儿童提供中等教育是马绍尔群岛面临的重大挑战。虽然在 20 世纪 90 年代，中等教育普及率大为提高，但是中学适龄儿童的入学率较低。在 1999 年，约有十分之三的中学适龄儿童没有接受中等教育。虽然入学率较低，但是马绍尔群岛的高中已经人满为患，没有足够的教室供学生上课。教育部一直在努力解决这一难题。随着 2001 年罗拉高中、夸贾林高中和国家职业培训学院的竣工，以及马绍尔群岛中学的扩建，教育设施负荷过重的现象得到缓解。

4. 特殊教育

1998 年，美国联邦补助基金资助马绍尔群岛实施太平洋岛国特殊教育计划。该计划的目的是帮助太平洋岛国完善特殊教育体系和提高教学质量，其实施对象是 3～22 岁有学习障碍或身体残疾的儿童和青少年。

该计划使难以正常入学的学生获得受教育机会。为提高教学质量，马绍尔群岛对特殊教育教师和 65% 的一般教师进行了系统的培训。全国许多小学配备了无障碍设施，教育部拟定了详细的特殊教育评估指标。但是由于外岛偏远落后，且远离城市中心，所以有阅读障碍和身体残疾的外岛儿童和青少年接受特殊教育的机会非常有限，而且除了外岛的一些学校，没有其他社会机构提供特殊教育。

5. 职业和非正规教育

马绍尔群岛的大量教育文件或报告都着重强调职业和非正规教

育，突出教育实用性与教育普及的重要性。在马绍尔群岛，学历教育逐渐被视为与青少年的未来无关，职业与非正规教育的重要性得到认可。越来越多的教育报告敦促政府将更多的资源投入针对青少年生活技能的培训。在此背景下，马绍尔群岛制定教育战略规划，整合和扩展职业教育和培训。

马绍尔群岛以《劳动力投资法案》为根据实施"职业前培训"（pre-vocational training），培训期为两年，集中于生活技能、电脑学习和英语/数学能力等方面的培训。《劳动力投资法案》致力于为高中入学考试不及格的学生提供学校之外的教育机会。职业教育主要由马绍尔群岛学院开办，马绍尔群岛教育培训委员会则负责制定有关职业教育的规划和政策，并对职业教育开展研究。为弥补马绍尔群岛的技术工人缺口和解决青少年失业率上升以及由此导致的社会治安问题，在亚洲开发银行的资助下，教育部成立了国家职业培训学院（National Vocational Training Institute），对中学辍学学生和离校生开展职业技能培训。

非正规教育和技能培训主要由非政府组织提供。马绍尔群岛独木舟协会（Canoes of the Marshall Islands）向青少年提供传统独木舟建造技术、独木舟驾驶技能以及现代船舶维修技术等方面的培训。该协会还同马绍尔群岛学院合作，向青少年提供玻璃钢船建造与维修以及传统工艺等方面的证书课程，学生在结业后可获得马绍尔群岛学院颁发的专业证书。它的主要目的是培训学生在外岛的生存与创业技能。它还为毕业生提供基础英语和数学补修课程，以确保他们能在国际市场上获得更多的就业机会。另外，马绍尔群岛独木舟协会与马绍尔群岛旅游局还合作开展旅游培训。

马绍尔群岛环保教母达琳·凯茉创立的非政府组织——"青

年健康伙伴组织",也开展非正规教育。该组织就生殖健康、青少年暴力、滥用药物以及抑郁自杀等问题对辍学青少年开展培训与辅导,它同样也提供心理治疗、养生、地区开发以及大众戏剧等培训课程。虽然该组织并不颁发文凭,但是它的培训成绩斐然,许多培训生在结业后获得了卫生和教育部门提供的就业岗位。

虽然非政府组织不能满足所有青年的培训需求,但是它们成功地提高了青少年的生存与职业技能,激发了他们对社会与文化问题的兴趣,并促使公众更多地关注青少年的需求。鉴于非政府组织在教育上的成功,地方与中央政府开始重视非政府组织开展的教育活动,并敦促非政府组织将其非正规教育扩展到外岛。

6. 高等教育

马绍尔群岛的高等教育机构主要包括马绍尔群岛学院、南太平洋大学马朱罗分校。南太平洋大学还通过它在马绍尔群岛设立的教育推广中心向马绍尔群岛学生提供中学后教育服务。学生可在教育推广中心完成学业,无须进入南太平洋大学校园学习。南太平洋大学还参与美国资助的"启蒙计划",对幼儿教师进行培训,向他们颁发早期幼儿教育和社区营养学专业的学位证书。

马绍尔群岛学院是马绍尔群岛唯一的大学,主要开设商业会计、计算机、人文科学、教育护理等课程。在 20 世纪 90 年代晚期,为解决心理咨询师匮乏以及青少年心理问题,马绍尔群岛学院开设了心理辅导课程。2000 年,马绍尔群岛学院正式把心理辅导课程纳入其课程规划。心理辅导课程包括 3 学分和 4 学分两种课程,就一系列心理问题如虐待儿童、自杀和药物滥用等对初级咨询师开展培训。接受培训的都是职场人士如教师、牧师、社区与青年工作者。马绍尔群岛学院的咨询师培训工作得到了政府和社区组织的大力支持。许多咨询师在接受培训后获得了晋升和加薪。

马绍尔群岛学院还致力于完善其他职业教育课程、证书课程、成人教育计划、继续教育项目、避免高中生辍学项目及为非高中毕业生提供教育服务。马绍尔群岛学院的主校区位于马朱罗环礁的乌利加，由发展教育学院、人文学院、数学与科学学院、工商及信息技术学院、教育学院、护理与联合保健学院共六个学院组成。它在夸贾林环礁的古吉居村设有分校。2013 年，共有学生 731 人，其中全日制学生为 445 人，占总人数的 60.38%。现有教职员 48 人，师生比为 15∶1。

鉴于马绍尔群岛与美国的密切关系，许多马绍尔群岛学生在高中毕业后申请《自由联系条约》所提供的奖学金，前往美国大学深造。在 1988~1999 年，前往美国大学就读的马绍尔群岛学生有 1614 人，但正常完成学业的学生只有 245 人，占总人数的 15%。毕业率低的主要原因是马绍尔群岛学生普遍缺乏必要的学习技能，即使正常毕业学生的学业成绩也并不理想。而且，获得美国奖学金的学生所选择的专业往往并不是马绍尔群岛发展所急需的学科如农业和海洋科学，因此，马绍尔群岛的人才缺口没有得到有效弥补。

三 管理体制

1. 行政管理机构

马绍尔群岛共和国宪法承认国民有受教育的权利，并规定政府有义务向所有国民提供教育服务。马绍尔群岛政府先后颁布了《1991 年教育法令》、《教育部规章制度》和《公立学校体系法令》，教育政策逐渐完善。《1991 年教育法令》规定教育部负有设置课程、制定教育标准、审查教师和学校教学资质、制定和执行教育政策的责任。同时根据该法令，中央政府设立了国家教育委员会，地方政府设立了地方教育委员会，形成了完整的由中央到地方的行政管理体系。

（1）教育部

目前，马绍尔群岛的教育机构主要由教育部统一管理，教育部不仅有权建立新的公立学校，也有权批准设立新的私立学校。教育部的最高管理层由教育部长、教育秘书长和 5 位助理部长组成。这 5 位助理部长分别领导 5 个司，即人事、预算与行政司；政策、规划与标准司；学校司；夸贾林学校与埃贝耶特殊需求司；资产与维修司。虽然教育部设立了很多的司，但是它们的目标是一致的，即为学校提供后勤支持与服务。这些司的管理方式有时是间接的，如起草新的教育法或预算草案，但更多的是直接管理，如采购教材和教学设备，对教师进行在职培训，维修校舍和校车等。

（2）奖学金、助学金及教育贷款委员会

马绍尔群岛于 1979 年颁布了《奖学金资助法案》，成立了"奖学金、助学金及教育贷款委员会"。该委员会主要负责为考入官方认可的大学且符合申请条件的马绍尔群岛学生提供财政资助，不论他们考取的大学位于何处。该委员会的奖学金主要是用来资助家庭贫困且所学专业符合马绍尔群岛国家发展需要的学生。获得奖学金的马绍尔群岛学生大部分在国外留学，少部分在本国的马绍尔群岛学院或南太平洋大学马朱罗分校学习。在 2011/2012 财年，该委员会报告称共有 196 名马绍尔群岛学生获得奖学金，其中 28 名学生在马绍尔群岛学院就读，168 名学生在斐济、美国夏威夷、关岛以及美国本土的大学就读。

（3）国家培训委员会

国家培训委员会主要负责为各种教育组织和机构提供政府资助，包括本地和地区组织、高中以及大学。它的资助主要集中于三个领域：（1）基础教育和生存技能；（2）创业和小型企业的发展；（3）职业技术技能。它的主要资助对象是年龄在 16～24 岁的校外失业青少年，除此之外，它还对希望提高工作技能的工人和其他弱势人群提供资助。

2. 教育财政

目前，马绍尔群岛的教育财政严重依赖美马《自由联系条约》所设立的基金和提供的财政援助。《自由联系条约》所提供的教育基金主要分为四个类别：（1）基础条约基金。《自由联系条约》规定，美国向 6 个领域提供经济援助，即教育、卫生、公共基础设施建设、环境保护、公共部门能力建设以及私有经济发展，教育和卫生是最优先的两个领域。根据条约，美国在 2004 年向马绍尔群岛提供总额为 3520 万美元的经济援助，之后逐年减少，直至降低至 2023 年的 2779 万美元。（2）埃贝耶的特殊需求基金。鉴于美国在夸贾林环礁驻军及其军事活动对埃贝耶岛和夸贾林环礁其他岛屿的影响，《自由联系条约》为埃贝耶岛和夸贾林环礁的其他岛屿设立了专项基金，以满足岛民的特殊需求包括教育需求。（3）教育补充基金。《自由联系条约》设立了教育补充基金，取代以前美国向马绍尔群岛提供的教育补助款，包括初等和中等教育法案、劳动力投资法案、高等教育法案、"启蒙计划"等名下的教育基金。2004/2005 财年，教育补充基金总额为 610 万美元，并根据通货膨胀率定期调整。（4）联邦补助金。马绍尔群岛继续接受针对特殊人群的美国联邦补助金，教育补充基金并不包括联邦补助金。《自由联系条约》明确规定，马绍尔群岛将继续根据《残疾人教育法》接受拨款，为残疾学生提供特殊教育。

除了上述四项资金来源，马绍尔群岛政府还向教育机构拨款以实现《自由联系条约》所规定的教育目标，解决未获得上述四项基金资助的教育需求和优先事项。

在 1994/1995 财年和 1999/2000 财年，教育支出占政府财政支出的 21.5%，随后在 2000/2001 财年下降至 21%。初等教育支出占教育财政的 43%，中等教育支出占 22%，高等教育支出占 19%，教育行政支出占 16%。2002 年，美国的财政援助占教育部财政预算的 63%。2012/2013 财年，教育部的财政预算为 2600 万美元，其中基础条约基金提供的资金为 1160 万美元，教育补充基金为 587 万美元，埃贝耶的特殊需求基金为 183 万美元，联邦补助金为 169 万美元。教育部也依赖上述四项基金为教职工支付工资和提供福利。此外，教育部根据学生数量向私立学校和公立学校划拨经费。私立学校还通过向学生收取注册费和社区募捐自筹经费。

3. 教学资质认证

教育部把建设高素质教师队伍作为提高教育质量的关键，为此，近年来教育部一直致力于提升教师资格认证标准和提高教师福利待遇以吸引人才和减少师资人才的流失。2007 年，马绍尔群岛通过《教师资格认证法案》，设立了"教师资格标准和认证委员会"。该委员会主要负责审核教师资格和颁发教师资格证。根据该委员会拟定的教师资格标准，除幼儿教师之外的所有新教师须具有教育或其他专业的副学士学位，修满 16 个教育学分，并完成教育实习。高中毕业满三年并修满 30 个大学学分的人可获得临时教师资格证，但前提是获得证书的人必须为获取正式的教师资格证而不断努力。

同时，为提高马绍尔群岛的教育质量，教育部在 2012 年开始实施教学资质认证项目，对全国中小学的教学资质重新审查和认证。在新的教学资质认证体系中，教育部学校评估小组根据六个宽泛的标准，即领导才能、教师绩效、数据管理、课程设置与学生学习效果、校园与教学设施、学校教育革新规划，对公立与私立学校进行教学评估。每一个标准都包括四个评估指标，因此，评估小组具体根据 24 个不同的评估指标对每一个学校进行打分。这 24 个评估指标的评分选项又分为四级：4 级（超过认证标准）、3 级（符合认证标准）、2 级（大体符合认证标准，但仍需改进）和 1 级（不符合认证标准）。被现场评定为 1 级的学校需每年向教育部提交"学校自修"报告，才能升为 2 级。达不到 1 级标准的学校则被要求进行专项整治，拟定行动方案解决评估小组在评估中确认的问题。如果 3 年后，经过专项整治的学校仍达不到 1 级标准，则会被教育部关闭，学校的学生则转入其他经教育部认证的学校。制定认证体系的最终目的并不是处罚或关闭学校，而是促使学校系统且有效地持续提高教学质量。这一目标在通过 1 级标准和未达到 1 级标准的学校中深有体现。前者需要每年提交自修报告才能提升其等级，而后者则需要实施专项整治。

学校教学资质的持续提升并不是一个简单、自动的过程。事实上，教育部很多年来一直要求学校定期改进教学规划，但是这些学校的教学规划一直没有取得任何明显的效果。因此，新认证体系的一个关键要素就是设计和提出一个或数个新的学校教育革新模式，以实现学校教学资质的持续提升。

除了教育部的认证体系，教育部还鼓励一些学校寻求美国西部院校联盟①的认证。现已有四个学校通过了美国西部院校联盟的认证，即马绍尔群岛中学（公立，9~12年级）、代拉普小学（公立，1~6年级）、萨普中学（私立，幼儿园到12年级）以及马朱罗合作中学（公立，幼儿园到12年级）。

4. 课程设置

在马绍尔群岛，学校的课程是围绕主要的学术科目制定的。中小学的课程表主要包括英语、马绍尔语、数学、自然科学和社会学科，这也是马绍尔群岛高考的主要科目。教育部颁布的国家课程标准主要包括幼儿园和中小学科目的学习标准、教育细则以及教学考核指标等。除了制定国家课程标准，教育部还为学校购买教材，并以教材的内容与既定的教育标准的符合度来选定教材。在课程设置上，现在教育部面临着两大难题：其一，在教师执行国家课程标准时，给其提供支持；其二，改革课程设置，使其符合国家和学生个人发展的需要。

就支持教师执行国家课程标准来说，教育部一直没有提供足够的教育资源帮助教师将抽象的国家课程标准应用到课堂教学中去。举例来说，现在尚没有任何课程大纲界定教师个体在构造学科知识和技能上的作用，详细拟定配套的教学策略，或规定课堂教学评估标准的类型和具体方式。为解决这些问题，马绍尔群岛教育部在斐济的帮助下发起了一个新的创新计划。该计划资助一批高级教师为

---

① 美国西部院校联盟是全美六个区域最权威的认证机构，它为美国西部的公立和私立学校提供认证服务。区域认证大约源于100年前为教育机构设立的教育质量标准。目前它还为其他国家的学校与学院提供认证服务，条件是海外学校达到一定的软硬件标准并向西部院校联盟提出认证申请。

1~8 年级的中小学教师拟定一套完整的教学计划，并根据新拟定的教学计划对马朱罗的所有小学教师进行培训，培训的内容包括教学计划与国家课程标准以及现有教学资源之间的关系。这套教学计划在 2013/2014 学年正式实施。

四　政策与目标

为提高学龄人群入学率、普及义务教育，马绍尔群岛采取了一些政策和措施。2012/2013 学年，马绍尔群岛成立了总统工作组审查和鉴别影响学生出勤率和入学率的因素。同时，教育部暂时取消了制约入学率的重要因素——每年 10 美元的注册费。暂停征收注册费的期限为两年，两年之后教育部再进行相关评估以决定是否恢复。另外，有关家长教育责任与学生纪律的家长教育项目也已经开始实施，致力于敦促家长积极参与学校教育，构建家庭与学校的协作关系。教育部同样与中央和地方上的警局协作，加强义务教育法的执行力度。

在 2007 年，教育部制定了 2008~2011 年的 3 年教育战略规划，以解决教育领域出现的众多问题，主要包括提高学龄儿童的入学率、提供高质量的小学教育、提高学校尤其是小学的出勤率、提供高质量的中学教育以及提高大学生的考试及格率。教育部将《自由联系条约》所规定的基于绩效的财政模式纳入了战略规划，定期对战略规划的实施情况进行绩效评估，并根据评估结果进行调整。采纳基于绩效的财政模式是教育管理与制定战略规划的巨大进步，但是，教育部与马绍尔群岛政府在实施这一模式时面临着很多挑战。

对于长期存在的教育质量问题，教育部制定和实施了大量的项目和政策，致力于从根本上清除造成教育质量下降的根源性因素，其中包括对新进教师开展岗前培训以及对老教师进行在职培训等项目。同时，教育部建立了教师资格评审程序以及有关公立和私立学校教学资质的认证体系，以提高教师整体素质和中小学以及大学的教育质量。更重要的是，教育部根据既定的教学规范与教育标准，为教师拟定了完整的教学指南，其中包括各科和各年级的教学大纲、年度教学计划以及每日课程计划等。这一教学指南已在 2013/2014 学年发给每位教师。教育部还与国际认证机构合作，制定马绍尔群岛的学校质量标准。太平洋教育资源与学习教育组织帮助马绍尔群岛制定了国家级的英语与数学课程标准。

教育部与国家培训委员会联合制定了《2012～2014 年职业教育与培训战略计划》。该计划致力于建立高质量的职业教育体系，满足国民对职业教育日益增长的需求和培养技术人才，从而解决国内日益严重的失业问题，并减少经济对外援的依赖。它的重点是建造现代职业教育体系的基础设施，并围绕四个主要目标实施：（1）打造需求导向的职业教育体系，（2）扩大职业教育的规模，（3）提高职业教育的质量，（4）界定清楚职业教育体系的作用与责任。

《1991 年教育法令》明确规定了马绍尔群岛的教育目标，大致包括以下几个方面。

一是培养学生的生活自理能力，肩负起为自我谋求福利的责任，并以无私的方式实现上述目标。

二是通过教育树立积极的社会态度，认识到每个人都要在社会中扮演一定的角色，并为实现公共利益尽到自己的责任。

三是通过教育认识到自力更生须和他人沟通、协作，自力更生不是孤立或自我封闭的行为。

四是通过教育认识到拟定长期计划和有效利用资源的重要性，以及牺牲短期利益获取长远利益的价值；理解未来是不可预测的，个人须学习技能和端正态度以应对不可预测的未来变化。

五是理性看待各种不同的生活方式、行为、习惯和社会习俗，尽可能地坚持传统价值，调整自己的行为以应对社会与环境的变化。

六是关切个人劳动所得，认识到传统生存技能的潜在价值。

马绍尔群岛的《教育法令管理条例》进一步细化了教育目标，规定了教育的优先目标。这些目标是：（1）开发学生的潜能，并将他们培养成为社会栋梁。（2）成为自主的高成就者。（3）尊重传统文化。（4）做出明智的决定，追求合理的生存质量。（5）遵守道德和伦理规范。（6）遵守法律和社会的民主原则。（7）认识到保护环境以实现可持续发展的重要性。（8）积极响应国家和社会的号召。

五 存在的问题

1. 教育机会有限

目前，马绍尔群岛教育基础设施已经超负荷运转，没有足够的小学和中学教室供规模不断扩大的学龄人群读书。根据现有的对人口增长的预测，入学率会因师资人才的匮乏和教育设施的不足而进一步下降。贫困学生因生活窘迫和缺少社会关怀在学校中有被边缘化的趋势。

虽然马绍尔群岛实行免费教育，但是家长需要缴付年度注册费用（私立学校的注册费较高）和购买校服。许多家庭不愿意或没有能力支付学校收取的费用，从而导致许多儿童失学。

根据亚洲开发银行 2002 年的研究报告，交通不便严重限制了许多外岛学生接受教育。许多学校缺乏安全的饮用水和厕所也导致许多学生不愿意上学，这也是马绍尔群岛学生面临的主要问题。虽然学校期望家长为学生提供安全饮用水，让他们带到学校饮用，但显然没有得到家长的响应。许多家长并不重视孩子的教育，他们把有限的资金用来改善家庭娱乐设施、购买汽车、捐献给教堂或组织传统社会活动，而不是用于孩子的教育。许多民众并不认同学校教育，尤其是因为完成学业并不能保证学生会找到工作。

缺少学校建筑用地也是导致教育机会有限的主要原因。过度拥挤的城市以及传统的土地占有制使得政府难以购买或征集到足够的土地建设新学校，以解决教育基础设施负荷过重的问题。虽然教育部也可以租赁土地或楼房建设新校舍，但是资金不足使得教育部在支付土地租金时颇感吃力，也难以应对土地业主要求增加租金的要求。在某些情况下，土地业主会因教育部拖欠租金而将学校关闭或没收教育资产，这也减少了学生的受教育机会。

年久失修的学校设施也是限制学生接受教育的重要原因。由于缺少资金整修校舍，很多学校设施存在很大的安全隐患。89% 的公立学校使用已超过 20 年，只有很少一部分校舍得到整修。

马绍尔群岛尚没有实现普及初等和中等教育的目标。在1988 ~ 1999 年，小学入学率增长非常缓慢，仅从 81.9% 增长到 84.1%，但是从整体来看，在 1995 年之后，小学入学率一直处于下降趋势。在这一时期，中学入学率则由 46.7% 跃升到 69.5%，但初级中学

升学率较低，1999 年 30％的中学生未进入高中深造。

2. 辍学率居高不下

交通不便、生活贫困、家长漠视教育、低下的教育质量、教职工旷工、过度拥挤的教室、有安全隐患的校舍、青少年怀孕、滥用药物、无法完成课程作业以及课程设置的缺陷等造成辍学率居高不下。

据调查，1997/1998 学年在校的小学生中，有 2％的学生在进入新学年之前辍学。中学生的辍学率要比小学生高得多，1997/1998 学年 9～12 年级中学生在升入大学之前，有 20％的学生共计 422 人辍学。1995/1996 学年的 879 名 9 年级学生中，只有 498 名学生在 1998/1999 学年正常升入 12 年级，仅占 57％。

3. 教育质量低下

教育质量低下是长期困扰马绍尔群岛的重要问题，其中尤以初等与中等教育质量问题最为严重。太平洋岛国语言和文化水平测试组将 70％的马绍尔群岛 4 年级学生归为"高危"类别，这些学生在基础算术、英语以及马绍尔语读写与综合理解测试中，取得的分数低于最低标准。同其他太平洋岛国相比，马绍尔群岛学生在标准化考试中取得的测试成绩是最低的。

高中生的学业成绩同样表明，他们并没有在学校中学得必需的学业知识和技能。在马绍尔群岛学院，只有 30％的学生在大学学业水平考试中及格。在 2003/2004 学年报考马绍尔群岛学院的 200 名学生中，只有 25％的学生通过基础数学和英语入学考试。

缺乏师资人才以及教师素质的参差不齐是导致教育质量低下的主要原因。在马绍尔群岛，约有四分之一的教师只有高中文凭，大

多数没有接受过系统的教学培训。教师地位较低以及待遇较差导致教师教学热情不高。较差的教学效果也难以培养出高素质的师资人才。为提高教师的教学质量，教育部制定了全国性的教育标准，但是由于交通与通信的不便，教育部难以与外岛的农村学校保持正常的联系，无法跟踪和评估教师教学质量。

公共部门裁员对教育部门也产生了负面影响，外岛的学校受影响最为严重，由此导致的人才匮乏影响了教育质量。另外，教育局管理层的重组与人才流失也是导致教育质量下降的重要原因。通常来说，教师在马绍尔群岛的地位不高，国民普遍缺乏对教育工作者的尊重，从而导致教师工作热情不高，教学员工与行政人员缺勤与旷工，教育资源投入不足，使得教职工丧失教学热情和学生表现较差成为困扰马绍尔群岛教育的长期问题。

缺少社会参与也是导致教育质量下降的另一因素。在过去，家长常常自愿帮助学校打扫校园和整修校舍，但是今天这一现象几乎不存在。虽然"家长与教师协会"（Parent - teacher Association）敦促家长积极参与校园建设和教育活动，但是家长与公众已形成了政府负责教育的观念。教育部将家长对教育活动的参与以及参与的力度视为提高教育质量的关键。近年来，已有积极的迹象表明社会对教育的参与度正在逐渐提高。例如，家长已同意为远离家乡前往外岛公立学校教书的教职工提供住宿，也已同意学校提高注册费用以帮助学校支付上涨的土地租金。

缺少教学设备和高素质的师资队伍、教育基础设施与教育资源投入的不足、教师培训滞后、落后的教学方法以及社会对教育关注不够等问题造成教育质量较差。普遍较差的成绩表现和居高不下的辍学率进一步从侧面证实了教育质量的落后。教职工需要家长与社会的支持以及进行在职培训。

4. 教育缺乏实用性

教育体系难以为学生提供在日益现代化的社会中就业所需的知识和技能，也难以在生存技能和家庭生活方面给失业人群提供有益的指导。由于缺乏实用性，青年人和家长逐渐对教育丧失了信心，社会对教育的关切也日趋下降。教育部已实施了大量的项目和政策来提高教育的实用性，满足民众日益广泛而多样的教育需求，但总体效果不佳。

5. 特殊教育投入不足

在没有国际组织和非政府组织的帮助下，现有的教育体系无法满足民众对特殊教育的需求。学校也缺少对"高危"学生的心理辅导。

第二节　文学艺术

一　文学

马绍尔群岛的文学主要分为两种即口传文学和现代文学。口传文学家喻户晓、源远流长，是人们沟通交流与表达感情的主要媒介。现代文学对马绍尔群岛来说是新兴事物，属于"南太平洋文学"，是一种用英语表达的新兴文学。

1. 口传文学

在现代文学产生之前，口传文学一直是马绍尔群岛的主要文学形式，主要以诗歌、故事或宗教咒语等为载体。马绍尔人在世世代

代的劳作中创作了大量的口传文学，主要包括有关部落起源的神话故事、有关家族历史的口头传说、有关宗教仪式的口传诗歌以及反映大众生活的民间故事等。

马绍尔群岛的口传文学数量众多，且多种多样，不同的形式有不同的用途。它们最主要的功能是对后人进行教育，例如解释环礁的形成，指导后人在面临某种困难时应采取何种行为。在马绍尔群岛，祖父母一般会在孩子入睡之前，给他们讲睡前故事，这些故事主要是关于家庭成员或神话人物的传说，由此孩子渐渐获知关于他们的家庭、家族历史以及传统文化的故事。口头故事往往以"很久很久以前"开头，这一特点使它成为与其他交流形式不同的体裁。不同的口头故事有不同的形式，这取决于讲故事的人及地点，但马绍尔群岛的历史记事通常是以口头故事的形式呈现。

口传文学虽在民间广为流传，但没有文字记载。马绍尔群岛的技艺、知识、经验以及历史都是通过传统的口传文学流传下来，口传文学的载体——故事、诗歌以及宗教咒语往往只有少数人掌握，尤其是有关宗教的语言和咒语被统治阶层垄断，因此，在传统上，这些讲故事的人（story - tellers）因其知识广博而广受尊重。由于他们人数很少，所以很多口传文学随着他们去世而失传。随着商品经济的兴起、西方文化的传入，许多年轻人对传统文化和口传文学失去兴趣。马绍尔群岛独立后建立的西式教育也使得口传文学失去了传统的教育功能。因此，马绍尔群岛的口传文学日渐没落，并有濒临灭绝的危险。目前流传下来的神话故事和民间传说大多是在南太平洋文学兴起之后，政府为保护文化遗产而采取的一系列文化保护措施以及部分作家和政府资助的一些研究者深入各乡村部落，收集、记载并翻译出来的，才使一部分宝贵的文化遗产以文字的形式保存下来。① 例如，马绍尔群岛建立了"马绍尔群岛故事工程"（Marshall Islands Story Project）网站，专门收集民间流传的传统故事。②

2. 现代文学

马绍尔群岛的现代文学是在南太平洋文学兴起后出现的。南太平洋文学兴起于 20 世纪 60 年代，当时仅是某些作家个人尝试的结果。最初，南太平洋地区一群知识分子出于对文学性文化的渴望，萌发文学意识。这种文学意识随着第一次南太平洋艺术节在斐济首都苏瓦的召开而得到进一步的催化，南太平洋文学在这种文学意识的萌发和催化中得以产生。③ 目前，马绍尔群岛的现代文学仍处于萌芽状态，初具雏形，作品数量较少，比较有名的作家也仅有两位，一位是旅居马绍尔群岛的美国人格里夫·约翰逊（Giff Johnson），另一位是马绍尔群岛本土诗人凯茜·热特内尔·吉金勒（Kathy Jetnil Kijiner）。

格里夫·约翰逊是自由作家、社会活动家、编辑兼通讯记者，于 1984 年来到马绍尔群岛，担任《马绍尔群岛周刊》的编辑，同时兼任新西兰广播电台和澳大利亚 ABC 电台的通讯记者。他在 2013 年发表了《永远不要低声细语》④，忠实记录了他的妻子——达琳·凯茱勇敢揭露美国核试验对马绍尔人造成的真实伤害，致力于环保与卫生事业的一生。

该书从达琳·凯茱的童年经历开始追忆，她在家乡——埃贝耶

---

① 王晓凌：《南太平洋文学史》，安徽大学出版社，2006，第 24 页。
② Marshall Islands Story Project, http://mistories.org/index.php.
③ 王晓凌：《南太平洋文学初探》，《江淮论坛》2005 年第 2 期，第 119 页。
④ Don't Ever Whisper, http://www.donteverwhisper.com/.

岛经历了美国在 1946～1968 年进行的 67 次核试验。然而，和多数马绍尔群岛岛民一样，达琳对于核试验对他们造成的伤害一无所知。直到 27 岁来到美国求学，她才开始接触到真相，并一点一滴地挖掘出真相，此后她用生命抗拒美国的压力，且无所畏惧地站在世界舞台上，向世人披露美国政府隐瞒的核试验伤害。作为马绍尔群岛第一位取得公共卫生硕士学位的女性，达琳·凯茱把在美国所学的公共卫生专业知识带回家乡，向民众推广公共卫生、健康的理念，也强化了岛屿社区居民的文化认同感。在其死后，由她创建的"青年健康伙伴组织"至今依然积极地为马绍尔群岛的青少年提供卫生保健服务，号召民众勇敢地与核伤害进行斗争，守护健康。①

凯茜·热特内尔·吉金勒是马绍尔群岛的著名诗人、新闻记者、教师，同时兼任马绍尔群岛学院的教师。近年来，凯茜创作了大量诗歌，包括在世界范围内广为流传的《告诉他们》和《夏威夷课堂》。《告诉他们》描述了马绍尔群岛岛民所面临的由气候变暖、海平面上升所带来的生存威胁，表达了保护祖国、战胜环境灾难的良好凤愿。她的诗歌主要集中于核试验、黩武主义、气候变暖导致的海平面上升、核移民、美国的种族主义等主题，致力于唤起人们的环保意识以及危机意识。她通过诗歌表达自己和理解她周围的世界，并希望通过文字激发人们的环保热情。

随着全球气候变化所引起的环境灾难越来越现实可见，凯茜也积极投身环保活动。她不仅通过诗歌唤起世界人民对马绍尔群岛环

---

① 《环保教母——达琳·凯茱》，http://www.ta.org.tw/index.php? item = other&sn = 7285。

境问题的关注，而且也积极组建环保组织——"你的家园"，动员马绍尔群岛青少年开展环保活动。在 2014 年联合国气候变化大会开幕式上，凯茜作为民间社会代表受邀发言，她在现场朗诵了她写给女儿的诗——《亲爱的玛塔菲儿·佩妮穆》（*Dear Matefele Peinam*），表述了气候变化给人类带来的严峻挑战，借此唤起世界人民的环保意识。[①]

二 音乐与舞蹈

马绍尔群岛的音乐与舞蹈源远流长，在传统社会中占据主导地位。但在世代的传承中，传统歌曲的起源已难以确定。马绍尔群岛的传统歌舞大都以集体的形式表现出来，男女多分开表演，并且不同的阶层有不同的歌舞。传统歌舞多反映日常生活与社会分工，有鼓舞士气、凝聚认同的作用。女性表演的内容多与抚养后代、土地家园有关，男性表演的则是与战争、力量、航海和捕猎有关的内容。男性的歌舞夸耀其冒险谨慎与无所畏惧的气概，女性则专注于表达她们的情感。人体各部位充当乐器是传统歌舞的重要特点，如跺脚、击掌、拍打胸部等，动作整齐、协调。马绍尔群岛音乐的传统特征是歌、舞、乐三位一体。有歌必有舞，有舞则必有歌。[②]

在西方殖民者到来之后，马绍尔群岛的传统音乐和舞蹈受到西方文化的冲击，传教士对传统音乐和舞蹈的影响最大。1857 年，美国外国事务管理委员会传教团成立，它致力于用圣赞歌曲调取代

---

① A Marshallese mother's powerful poem to her daughter moves people to tears at UN Climate Summit, http：//www. vancouverobserver. com/news/marshallese - mothers - powerful - poem - her - daughter - gets - standing - ovation - un - climate - summit.

② 徐海准、陈永主：《外国民族音乐》，华中师范大学出版社，2012，第 148～149 页。

当地的传统歌舞。为达到此目的，传教士们把圣赞歌译成马绍尔语，在岛上教堂和其他宗教场合中教当地人演唱，传教士们还创作朗朗上口的流行小曲。总之，这些音乐在乐曲结构和旋律特征上所带有的宗教和西方风格，成为当地音乐的重要特点之一。

直到 20 世纪 80 年代，马绍尔传统歌曲还在各个岛礁上流传，如描述航海、歌唱大自然的歌曲，以及表现当地文身风俗的仪式歌曲等。但是如今，只有一些老人还多少能够吟唱这些历史上流传下来的传统歌曲，而马绍尔群岛的青年一代，他们几乎根本就不了解这些传统音乐曾经对他们前辈的生活所产生的重要影响。尽管如此，传统歌舞表演仍然是马绍尔群岛民间的重要活动。他们的歌舞突出当地民族特色，同时也体现了当地人吸收外来音乐所形成的多元民族音乐风情。

马绍尔群岛的音乐大致可分为两种：现代流行音乐和传统音乐。不管是流行歌舞还是传统民间歌舞，歌唱幸福生活和爱情、倾吐伤感、描述在海上捕鱼的劳动情景，是当地人们在歌舞中表现的主要内容。每年 10 月，当地大小教堂都组织排演圣诞节歌舞，在街头和广场，人们依旧跳着传统舞步，演唱当地传统民歌和外来的圣诞歌曲，女人们通常在跳舞的时候手里拿着用椰子树叶做成的扇子。最常见的伴奏乐器有吉他、曼德林、尤库里里、电子合成器和当地的鼓。这种歌舞形式在圣诞节等大型节日和庆祝活动中很普遍。

在马绍尔群岛，日本的音乐文化对当地民族歌舞影响很深，这在老人们演唱的当地民歌和表演的舞蹈中表现得尤为突出，他们都是从二战期间日本人占领该群岛时流行的日本民歌和舞蹈中学来的。现今的年轻一代，他们最喜欢的是从美国本土和其他国家传入的现代流行歌曲和舞蹈。当地电台和电视台的音乐节目、商店卖的

DVD 和 CD 光碟，对外来流行音乐的传播发挥着重要作用。马绍尔群岛虽然建立了播音效果良好的立体声广播电台，但是这些电台都是播放流行音乐。WSZO 广播电台影响较大，虽然不是立体声广播，但是该电台广播网覆盖整个马绍尔群岛，收听率很高，每天播放的音乐节目丰富多彩，不仅有西方和美国本土流行的歌曲和器乐曲，也有马绍尔群岛的民间歌曲和大洋洲其他岛国的歌曲节目，满足不同听众的音乐欣赏趣味。

　　在马绍尔群岛，当地人的歌舞具有典型的民间传统音乐风格，当地语称这种歌舞为"杰布瓦"即军队操练舞，歌舞表现的情景大都与古老传说和超自然的宗教信仰有关。依据当地风俗，一队男性头戴花环，脖子上也套着花环，光着上身，下身穿着草裙，他们手持棍棒作为武器道具，赤脚用力踏地面，伴随简洁有力的舞步节奏，女歌手团队吟唱诗歌和歌曲为舞蹈伴唱。"杰布瓦"歌舞在马绍尔群岛当地土著部落有着悠久的历史，它表现了马绍尔群岛部落祖先操练兵器的情景，舞蹈方阵变化多样，舞者相互用长棍对峙撞击，很有男性武士气势。在古代，密克罗尼西亚许多岛屿的土著人部落表演的这类棍棒歌舞，是专为部落首领和国王表演的。"杰布瓦"成为代表马绍尔群岛当地部落民族歌舞的特有形式，在各大音乐节庆活动和重要文化场合表演。马绍尔群岛的民族歌舞分为站立表演和坐着表演两种形式。当地人称站立表演的歌舞为"艾布利普"，表明该类舞蹈采用马绍尔群岛日出群岛和日落群岛的方言演唱，而坐着表演的歌舞在当地叫作"泰蒂克"，即民间舞的意思。①

---

① 王珉：《美拉尼西亚、密克罗尼西亚群岛音乐文化综述》，《山东艺术学院学报》2007年第 2 期，第 68～69 页。

三 手工艺品

马绍尔群岛的女性擅长编制精美的手工艺品，她们用椰子和露兜树纤维编成扇子、篮子、垫子、装饰品以及吉利包等。她们所编制的手工艺品都是取自天然材料，工艺复杂而精美的篮子会以贝壳装饰，扇子、垫子、腰带、手提包以及帽子等手工艺品既具有观赏性，也具有实用性。大多数手工艺品都是由居住于外岛的女人编制的，她们将编好的手工艺品用船运往马朱罗售卖。男人则负责雕琢和组装精致的传统独木舟模型。在传统社会，独木舟是马绍尔人唯一的交通工具。

1. 贝壳工艺品

马绍尔群岛海滩上的贝壳五光十色。一只大贝壳可卖 2.5 美元，小的也值几十美分。

聪明手巧的妇女用这些贝壳做成各式各样的工艺品，诸如挎包、花瓶、颈环、台灯、挂毯等，造型别致。一只贝壳花瓶售价为 50~80 美元，颈环售价为 20~30 美元。按当地习惯，迎宾仪式、签署协议、续订合同、部族结盟等庄重场合，马绍尔人都要给客人戴贝壳颈环。在当地商店里，贝壳工艺品琳琅满目，令顾客目不暇接。邮局也借势发行了展示各种贝壳的纪念邮票，销量十分可观。被丢弃的鳌甲也被加工成工艺品。一只宽 45 厘米、长 50 厘米的鳌甲售价为 50~60 美元，这对当地的普通家庭来说，也算是一笔不小的收入。①

---

① 《马绍尔群岛》，http://www.renwen.com/wiki/马绍尔群岛#25。

2. 传统帆船

马绍尔人靠海而居，因此独木舟对马绍尔人来说至关重要。他们居住的岛礁都被海洋包围，资源与陆地面积非常有限。他们需要与居住于其他岛礁的岛民进行交流与贸易，独木舟就成为他们唯一的交通工具。制造独木舟的木材取自面包果树，由椰子编绳将木块绑缚在一起制造而成。传统的三角帆是由妇女用露兜树叶编成的。马绍尔群岛的传统独木舟主要有双体舟（double canoe）、瓦拉普（walap）、蒂平诺（tipnol）与柯尔克尔（korkor）四种。

双体舟是密克罗尼西亚地区一种典型的快速帆船，有双头船体，不对称边和一个显眼、非常狭窄的龙骨，还有一个用来载人载物的横向平台。这使得悬臂梁浮动并伸出到船体的背风面。船员则起到压舱的作用，坐几个船员取决于风力的大小。微风时坐一个船员就够，刮强风时需要坐四个人。船桅被固定在两根独立的吊杆上，并用拉绳巧妙地固定浮舟和吊杆。货物也存放在船舱，当需要运载大量货物的时候，就得考虑船的运载量。

瓦拉普是一种长达100英尺的帆船，可容纳40人，能进行一个月的航行，这种船大而不快。蒂平诺则更小更快，主要用于在潟湖捕鱼，这种船能载10人，在海上航行非常方便。柯尔克尔是一种小型划艇，有时还配备了帆，帆很大，两边各有一个帆桁和吊杆。

现代西方人对马绍尔群岛传统独木舟大加赞誉。曾到访马绍尔群岛的西方航海家库克船长认为传统独木舟的最高速度为每小时12海里，比他开的轮船还要快很多。19世纪时，有船员曾生动地描述了他乘独木舟进行的一次航行，"撑起巨大的船帆，摇起强劲的船桨，我们像离弦的箭一样驶向大海。把桅杆撑成芦苇的弯度，我们飞快地徜徉于大海，翻滚的巨浪在我们耳边轰轰作响"①。

3. 木枝航海图（stick chart）

在历史上，马绍尔人以擅长航海而著称。熟练的航海技巧和敏锐的观察力，使他们成为杰出的航海家。他们认为航海时只需仔细观察两种事物，即天上的星星和大海的潮汐。马绍尔人一般在天气较稳定且没有信风的时候出海，船队规模庞大，但也会出现沉船现象，比如1830年有100只独木舟罹难沉没。

马绍尔岛民出海并不携带航海图，他们认为领航人带着航海图出海是一件令人难堪的事情。但是，在马绍尔群岛如此广袤的"水世界"，岛民出海捕鱼如果迷失了方向，可能就会失去捕捞的机会，也有可能永远回不了家。在这种情形下，马绍尔人利用丰富的航海智慧，就地取材，用椰子树的叶梗、贝壳、小石子以及细绳做成了木枝航海图。② 岛民不会带木枝航海图出海，而是依靠对海图的记忆进行航行。

目前，在整个太平洋地区，人们仅在马绍尔群岛发现了木枝航海图。木枝航海图是马绍尔岛民传授航海技术以及岛礁之间波浪洋流规律的辅助工具。岛民主要是往来于各个岛礁之间或前往有海标的地方——被先人留下标记的海礁。木枝航海图标示主要的海洋巨浪类型，木枝标示海洋表面的浪峰，以及岛礁减弱巨浪冲击的方式，指示航海者如何在涨潮和退潮时接近岛屿。它依靠判定星座、

---

① Marshall Islands：Culture，http：//www. rmiembassyus. org/Culture. html.

② 传奇翰墨编委会编《私藏七大洲：奇趣澳洲·南极洲》，北京理工大学出版社，2011，第80页。

行星等的位置或波浪洋流的类型确认岛礁之间的航线。航海新手需要经过多年的训练才能记住航海图上多达上百种的标记，如以星座标记的岛际航线、海路、云状、风向和海鸟飞行的方向等。在记住这些标记之后，经验丰富的航海家可以在看不见陆地，甚至在恶劣的天气里，通过辨识航向、波浪洋流的类型以及风向来准确确定自己的位置。

木枝航海图是人类制图史上的伟大贡献。通过领会航海图，岛民可以掌握波浪洋流的规律，通过波浪洋流进行导航。岛民凭着感觉与记忆在独木舟中俯下身子感受独木舟如何被巨浪挑起，以指导他们航行。这种"波浪洋流导航法"不为太平洋地区之外的人们所知。[①] 木枝航海图利用贝壳指代岛礁，而它所指代的岛礁可以是马绍尔群岛上千个岛礁中的任何一个。它所测定的岛礁之间的距离非常随意，没有任何统一且标准的比例尺表示图上距离与实际距离的比例，而且没有航海图制作者的说明，航海图对外人来说没有任何意义。因此，在西方人看来，它们根本不具备地图的功能。

木枝航海图主要分为三种，即美途（meto）、雷贝里布（rebbelib）和玛特堂（mattang）。典型的美途航海图形状对称，用来表示不同岛礁之间的相关方位、深层海底巨浪的方向以及如何测算岛礁间的距离等。这种海图只描绘马绍尔群岛一个岛链的片段。雷贝里布航海图性质类似前者，但是其描绘群岛的一个或两个岛链的全貌。玛特堂航海图主要用于教学，它的覆盖范围较小，仅限于有限的几个岛礁。

---

① 蔡百铨：《南岛民族与国家：台湾篇·太平洋篇》，前卫出版社，2010，第193页。

并非所有的马绍尔人都会制作并使用木枝航海图，只有少数统治者懂得制图术，而且其传授方式是父传子。懂得使用这种航海图的领袖，通常率领十多艘独木舟出海。1862 年，有位传教士将这种领航术公之于众，1890 年，德国海军温克勒船长（Captain Winkler）对木枝航海图做了全面解说。第二次世界大战后，新航海科技出现，木枝航海图与依靠波浪洋流导航的航海终于走入历史。[1] 现在，岛民大都改用现代船只，木枝航海图只有极少数人才会使用，它的主要功能已变为售卖给外国旅客的本地特产。2005 年，由马绍尔渔民、海洋绘图专家以及人类学家发起的研究项目启动，致力于研究传统的"波浪洋流导航法"，希望找出一套系统的科学解释，并将这一人类文化遗产保存下来。[2]

第三节　体育

一　体育机构与组织

在国家层面，马绍尔群岛的体育主要由内务部体育与娱乐司负责。该司拥有国家体育馆的所有权和管理权，它与马绍尔群岛国家奥林匹克委员会、地方政府、学校、青年组织和单项体育俱乐部一道组织各项体育赛事和联赛。各地方政府负责在其管辖的环礁组织体育活动。地方官员负责实施体育项目，为外岛民众提供参与体育活动的渠道。

---

[1] 蔡百铨：《南岛民族与国家：台湾篇·太平洋篇》，前卫出版社，2010，第 194 页。
[2] 传奇翰墨编委会编《私藏七大洲：奇趣澳洲·南极洲》，北京理工大学出版社，2011，第 81 页。

2001 年，马绍尔群岛创建了马绍尔群岛国家奥林匹克委员会，并于 2006 年加入国际奥委会，成为国际奥委会的第 203 个成员，同时它也是大洋洲国家奥林匹克委员会的成员。2008 年，马绍尔群岛首次派运动员参加在中国北京举行的夏季奥运会。马绍尔群岛参加奥运会的资金预算主要来自国际奥委会的资助以及大洋洲国家奥林匹克委员会设立的奥林匹克团结基金（Olympic Solidarity）。马绍尔群岛国家奥委会是马绍尔群岛最重要的半官方体育组织，它与官方联系密切，每月都会与内务部体育与娱乐司召开联席会议，商讨有关体育的各项事务。2015年，马绍尔群岛内务部秘书长担任马绍尔群岛国家奥委会的副主席，肯尼斯·克雷默（Kenneth Kramer）任马绍尔群岛国家奥委会的主席，特里·萨瑟尔（Terry Sasser）任马绍尔群岛国家奥委会的秘书长。

马绍尔群岛的其他体育组织还包括马绍尔群岛田径联合会、棒球与垒球协会、篮球协会、游泳协会、摔跤联盟、排球联合会、乒乓球联合会、跆拳道联盟以及举重联合会等。

二　体育设施与体育项目

1. 主要体育设施

马绍尔群岛的体育设施非常简陋，它的大部分跑道用草铺就，规划和兴建多功能跑道还是近年来的事，全国只有四五个体育馆有室内篮球场，体育设施主要集中于城市。马绍尔群岛的主要体育设施有国家体育馆和国际会议中心。

（1）国家体育馆

国家体育馆位于首都马朱罗，始建于 20 世纪 90 年代中期，其建设资金主要来自日本政府提供的公立学校改革基金。[①] 它是国家足球队的训练基地，可容纳约 2000 名观众。国家体育馆是公共室内体育馆，主要举行篮球和排球比赛，极少举行足球比赛。它的屋顶为三铰拱顶。自建成以后，国家体育馆就频遭白蚁危害，最终导致 2011 年部分屋顶塌陷而被迫关闭。[②]

（2）国际会议中心

为承办所谓的第二届"台湾与太平洋友邦元首高峰会"，马绍尔群岛于 2007 年 3 月在中国台湾的资助下兴建了国际会议中心。中国台湾提供的援助资金总额达 500 万美元，在国际会议中心的奠基仪式上先期交付了 100 万美元。该会议中心为两层建筑，可容纳 1000 名观众，使马绍尔群岛首次具备了承办区域与国际会议的能力，同时，它也被用于组织体育赛事，[③] 可同时举行举重、摔跤和乒乓球比赛。

2. 体育项目

正如其他岛国一样，水上运动在马绍尔群岛非常流行。但除此之外，马绍尔群岛还盛行其他体育运动，如乒乓球、跆拳道、举重和摔跤。马绍尔群岛摔跤选手在太平洋运动会上夺得两块奖牌，其中韦伦·穆勒获得银牌，杰顿·安键获得铜牌。因马绍尔群岛棒球与垒球队在密克罗尼西亚运动会获得银牌，棒球与垒球在马绍尔群岛也十分流行。就团体运动来说，马绍尔群岛男子热爱篮球运动，

---

① Marshall Islands GYM Lies Neglected, http：//pidp. eastwestcenter. org/pireport/2012/January/01 – 06 – 08. html.

② Sports Stadium (Marshall Islands), https：//en. wikipedia. org/wiki/Sports _ Stadium _ (Marshall_ Islands).

③ Construction begins on convention centre for Marshall Islands, http：//www. radionz. co. nz/international/pacific – news/168420/construction – begins – on – convention – centre – for – marshall – islands.

而女子喜欢排球运动。

（1）海钓

马绍尔群岛礁岛众多，且皆为珊瑚礁，可以说是鱼儿的天堂。优越的地理环境与丰富的渔业资源使海钓非常盛行。海钓是马绍尔群岛新兴的海洋旅游休闲项目，在所有的钓鱼运动中最具魅力。海钓融渔业、休闲游钓、旅游观光于一体，是一种高端的旅游休闲产品，也被称为"海上高尔夫"。①

在马绍尔群岛流行的海钓主要包括大鱼赛、铁板钓和飞绳钓、深海底层鱼垂钓等。1981 年，拉姆齐·赖默斯、汤姆·迈克尔等四人组建了"马绍尔群岛长嘴鱼俱乐部"，每年 7 月在马绍尔群岛举办钓鱼比赛。这一赛事得到马绍尔群岛政府、地方赞助商以及当地民众的支持，自 1982 年首次举办以来，已经成为当地钓鱼爱好者的节日。1983 年以来，"马绍尔群岛长嘴鱼俱乐部"一直是海钓运动的最大支持者，在它的倡导下，马绍尔群岛设立了公共节日——"渔民日"（Fishermen's Day）。在每年的"渔民日"，马绍尔群岛都会举办钓鱼比赛，参赛选手会在早晨 5 点 30 分至 6 点之间出海捕鱼，尽最大努力捕获最大、最多或最重的鱼，且不限种类。比赛一直持续到下午五点，届时主办方会对参赛选手捕获的鱼进行测量和称重，分出名次。②

（2）棒球与快投垒球

棒球与垒球赛事主要由马绍尔群岛棒球与垒球协会组织，它于 2006 年 3 月建立了青少年棒球联赛，但还没有组建成人棒球联赛。

---

① 魏小安、陈青光、魏诗华：《中国海洋旅游发展》，中国经济出版社，2013，第 19 页。
② Marshalls Billfish Club, http://www.billfishclub.com/.

快投垒球在马绍尔群岛非常流行，快投垒球联赛于2005年成立。马绍尔群岛的垒球水平较高。2006年，在塞班举办的密克罗尼西亚运动会上，马绍尔群岛男子快投垒球队夺得银牌。2006年，马绍尔群岛成为国际棒球联合会的第111个成员。

（3）篮球

篮球是最受马绍尔群岛男子欢迎的团体运动。随着女子篮球联赛的举办以及篮球场地在各个社区的建立，篮球在女子间也越来越流行。马绍尔群岛篮球协会每年都举办青少年、成年人以及老年人等不同级别的篮球联赛，同时也经常举办拉利克群岛与拉塔克群岛篮球锦标赛，至今已经举办十届。在第九届拉利克群岛与拉塔克群岛篮球锦标赛上，来自利基普环礁与朗格拉普环礁的球队击败卫冕冠亚军马朱罗环礁与夸贾林环礁球队，分获冠亚军。利基普环礁与朗格拉普环礁属于外岛，以农业为主，体育基础设施较落后。外岛球队取得的这一成绩表明，马绍尔群岛的篮球运动已经取得巨大的进步。

（4）排球

排球是最受马绍尔群岛女子欢迎的团体运动。随着越来越多的社区建立排球场，排球运动也开始迅速普及。现在，马绍尔群岛每年都举行各个年龄段的排球联赛。针对海洋国家的特点，排球联合会正在逐步推广沙滩排球运动，并组织沙滩排球联赛。排球联合会认为马绍尔群岛在沙滩排球上有很大的发展潜力，可以培养出一支具有国际水平的沙滩排球队。

（5）摔跤

近年来，摔跤联盟是马绍尔群岛最具有地区竞争力的队伍，它的摔跤运动员都在美国中学接受训练，因此，马绍尔群岛的摔跤运动水平在太平洋地区名列前茅。马绍尔群岛摔跤运动员在太平洋运动会获得过银牌和铜牌，也在 2006 年于广州举行的世界摔跤锦标赛上取得了较好的成绩，这也使得摔跤运动在马绍尔群岛得到了民众的欢迎和支持。

三　国际体育交流

1. 奥运会

截至 2015 年，马绍尔群岛只参加过两届奥运会，分别为 2008 年北京奥运会和 2012 年伦敦奥运会，参赛运动员未获得任何奖牌。

2008 年，马绍尔群岛首次派出 5 名运动员参加北京奥运会，分别参加田径、游泳和跆拳道比赛，这是马绍尔群岛首次参加奥运会。跆拳道选手安吉乌·杰森 20 岁，大部分时间生活在夏威夷，是当地著名的中式快餐店"熊猫"的掌勺大师傅。在 5 名选手中，安吉乌·杰森是唯一通过资格赛获得北京通行证的。其他 4 人都因在这个国家有转折亲戚关系，因而获得外卡得以参加田径和游泳比赛[①]。有人把这种安排称为"奥林匹克旅游"，但是国际奥委会相信外卡制度能让小国获得机会，实现奥林匹克"广泛参与"的宗旨。[②] 2012 年，马绍尔群岛派出 4 名运动员参加伦敦奥运会，分别参加田径和游泳比赛，但都未通过小组赛。

2. 密克罗尼西亚运动会

马绍尔群岛在 2014 年密克罗尼西亚运动会上居奖牌榜第四位，共获得 90 枚奖牌，其中金牌 34 枚，银牌 23 枚，铜牌 33

---

① 因为特殊的历史原因，美国人可以代表马绍尔群岛参赛。
② 《马绍尔群岛首次参加奥运会，最强运动员竟是厨子》，http：//2008. sohu. com/20080808/n258680100. shtml。

枚，这是马绍尔群岛获得的历史最好成绩。马绍尔群岛举重队在运动会上大获全胜，共获得 29 枚奖牌，其中大部分为金牌，约占马绍尔群岛所获奖牌总数的三分之一，确立了他们在南太平洋地区举重运动的主导地位。这也是马绍尔群岛举重队有史以来在密克罗尼西亚运动会上取得的最好成绩。马绍尔群岛女子举重运动员共获得 9 枚金牌、3 枚银牌，几乎包揽了三个重量级的奖牌。男子举重运动员共获得 11 枚金牌、1 枚银牌和 5 枚铜牌。在团体运动方面，马绍尔群岛有四支队伍进入决赛，分别为男子棒球队、男子垒球队、女子垒球队和男子篮球队。女子垒球队在运动会上取得有史以来最好的成绩，在决赛中击败关岛队夺得第一块金牌。而其他三个运动队都在决赛中失利，获得银牌。

3. 太平洋运动会

太平洋运动会前身为南太平洋运动会，是一个综合性体育赛事，与奥运会类似，但规模要比奥运会小，且参赛队伍完全局限于南太平洋地区的国家。太平洋运动会于 1963 年在斐济首都苏瓦首次举办，最初的运动会每三年举行一届，1975 年关岛运动会后改为每四年举行一届。马绍尔群岛在 1999 年首次派出运动员参加太平洋运动会。截至 2015 年，马绍尔群岛已参加过六届，共获得 3 枚银牌、11 枚铜牌，奖牌总数为 14 枚。

4. 摔跤锦标赛

2006 年，在奥林匹克团结基金的资助下，马绍尔群岛摔跤联盟选派运动员参加了在广州举行的世界摔跤锦标赛，取得了良好的成绩，使马绍尔群岛摔跤联盟在世界摔跤排名中的位置——第 45 位得到稳固。2015 年 3 月，马绍尔群岛摔跤联盟在马朱罗国际会议中心主办了大洋洲摔跤锦标赛，该项赛事又细分为少年组、青年组以及成年组比赛。在比赛的最后一天，主办方举办了趣味性十足的沙滩摔跤公开赛。澳大利亚、东萨摩亚、密克罗尼西亚联邦、新西兰、关岛、瑙鲁、帕劳、北马里亚纳群岛、法属波利尼西亚以及托克劳群岛（新）十个国家和地区参加了该项赛事。

第四节 新闻媒体

《马绍尔群岛周刊》为私营公司所拥有，每周发行一次，且独立发行。《马绍尔群岛周刊》创刊于 1970 年，除了《太平洋每日新闻报》之外，它可以说是密克罗尼西亚地区历史最悠久的报纸。《太平洋每日新闻报》为私人拥有的日报，它由关岛空运至马绍尔群岛，该报可以在马朱罗和埃贝耶当地的商店中买到。马绍尔群岛政府完全不干涉周刊的运营，但是，在周刊的"致编辑的信"一栏里，经常出现关于政府与周刊之间关系的辩论。《马绍尔群岛周刊》在马朱罗和埃贝耶广受欢迎，随着交通的改善，它也成为在外岛最受欢迎的报纸。在 1982～1985 年，政府曾经发行一份政府公报，该公报由政府秘书长办公室主办，每周发行两次，向公众通报最近的政情进展。马朱罗较大的商店也出售太平洋及其他地区出版社发行的报刊，如《太平洋杂志》《太平洋群岛月刊》等。

马绍尔群岛唯一的广播电台——WSZO 由群岛内务及外岛事务部主管，它每天用马绍尔语播报地方与国际新闻（后者来自美国之音与澳大利亚广播电台），播放马绍尔群岛民歌与流行音乐，以及在艾利利博物馆录制的关于马绍尔群岛传统文化的节目。外岛的广播听众数量众多，他们主要通过夸贾林环礁上的导弹设施收听广播节目，而这一广播节目主要是面向居住于夸贾林环礁的美国公民播放的。在 20 世纪 80 年代，录影机在城市中非常流行，当地商店向民众出租和售卖产自美国或其他国家的录影带。马绍尔群岛广播公司曾经每天从中午到午夜播放录自夏威夷电视节目的音频，也每天播放在艾利利博物馆录制的关于传统文化的节目，并播报海外发来的简讯。对此，政府不予审查。据估计，在丹尼丁地区大约有300 个电台用户。

第七章

外　交

　　截至 2015 年，马绍尔群岛已经与 70 多个国家建立了正式的双边外交关系。通过参与各种区域与国际组织开展地区合作也是其外交的重要取向。1991 年 9 月，马绍尔群岛正式加入联合国，标志着国际社会对其独立主权的认可。

第一节　与美国的关系

一　历史与现状

　　1944 年，美军从日军手中夺取马绍尔群岛。1947 年，联合国将太平洋岛屿托管地包括马绍尔群岛交由美国管理，直到 1986 年马绍尔群岛独立，它被美国托管近 40 年。1965 年后，马绍尔群岛要求自治的呼声日益高涨。1979 年 5 月 1 日，马绍尔群岛成立立宪政府。1983 年 6 月 25 日，马绍尔群岛共和国与美国签署了《自由联系条约》。1986 年，《自由联系条约》生效，马绍尔群岛正式独立，马绍尔群岛共和国从此成为与美国自由联系的独立主权国家。这也标志着马绍尔群岛共和国与美国新型关系的开始，马绍尔群岛不再是"联合国的托管地"。

根据《自由联系条约》，马绍尔群岛共和国是一个享有内政和外交自主权的国家，但国防和安全事务由美国全权负责，马绍尔群岛公民可参加美国军队。在关涉安全与国防的事务上，马绍尔群岛共和国政府无权采取行动，而且它有义务避免采取与美国的防务责任相冲突的行动。根据美马《自由联系条约》附属协议——《军事用途与运营权协议》，美军可使用夸贾林军事基地以及夸贾林环礁的潟湖，美军可继续使用夸贾林导弹试验场直到 2066 年，续签后则可延至 2086 年。另一个主要的附属协议是关于美国于 1946～1958 年在比基尼环礁和埃内韦塔克环礁所进行的核试验，目的是向马绍尔群岛的核试验受害者提供赔偿。

马绍尔群岛与美国已经建立了全面的外交关系。美国人可以自由出入马绍尔群岛。马绍尔群岛公民可自由进出美国和在美居住、就业、就学，无须签证（但触犯法律者可被美国驱逐）。越来越多的马绍尔人加入美军，而且其增长速度要高于美国的任何一个州。由于马绍尔群岛国力有限、财政窘迫，因此它非常依赖美国提供的经济援助来维持国家与政府的正常运转。

根据 2003 年达成的新《自由联系条约》，在 2023 年之前，美国每年向马绍尔群岛提供约 7000 万美元的援助，这包括美国向信托基金注入的资金以及其他的联邦拨款。马绍尔群岛公民可继续接受美国实施的援助项目和服务帮助。为提高马绍尔群岛对经济援助的利用效率和使用效果，两国政府联合建立了"经济管理与财政问责委员会"，以加强财政纪律和完善财政制度。有超过 40 个美国政府机构向马绍尔群岛提供经济援助或在马绍尔群岛实施援助项目，其中包括联邦航空管理局、美国邮政总局、小企业管理局、美国国际开发署、能源部、农业部、卫生和公共服务部、教育部、国务院、内政部等部门。因此，马绍尔群岛至今仍与美国关系密切。

马绍尔群岛使用美元，各种现代商品均依赖从美国进口。由于马绍尔群岛与美国之间存在《自由联系条约》所规定的优惠条件，且美马之间的海空运输联系较密切，所以马绍尔群岛50%以上的贸易都是和美国进行的，它同美国的进出口贸易额比重均占其全年进出口总额的一半以上。如果将马绍尔群岛与夏威夷和关岛的贸易计算在内，则美马贸易额占马绍尔群岛对外贸易总额的80%。马绍尔群岛自美国进口各种商品，向美国出口鱼、未经加工的椰子油、手工艺品和一些农产品。尽管如此，马绍尔群岛与美国在一些领域仍然存在争端与纠纷。

2014年4月23日，马绍尔群岛向海牙国际法院提起了一项"史无前例"的诉讼，要求美国、俄罗斯、英国、法国、中国、以色列、印度、巴基斯坦、朝鲜世界九个拥有核武器的国家履行削减核武器的承诺，并称拥核国家"公然违反"国际法。此外，马绍尔群岛还在美国旧金山提起一项诉讼，美国总统奥巴马，美国国防部、能源部和国家核安全部都成为其诉讼对象。马绍尔群岛外长在宣布这起诉讼时表示，"我们的人民遭受了核武器灾难性的和无可挽回的伤害，我们发誓要为让世界上没有人再遭遇这种残忍的经历而战斗"。马绍尔群岛政府表示，他们寻求的是行动，而不是赔偿，他们希望海牙国际法院要求这9个国家履行其责任。① 2015年

---

① 《太平洋小国起诉九大拥核国，诉讼"史无前例"》，http://world.huanqiu.com/exclusive/2014 - 04/4981241.html。

2月，位于加利福尼亚的美国联邦法院同意了美国政府驳回上述诉讼的申请，称马绍尔群岛不具备起诉权。

二 核试验问题

第二次世界大战结束后，美国将马绍尔群岛选定为开展核试验的试验场。早在1944年3月，美国在试爆第一颗原子弹前，就曾为选址问题大伤脑筋。物理学家班布里奇在新墨西哥州的一片被称为"死亡之路"的沙漠中，选出一块地方作为试爆场地。但核试验所产生的巨大破坏力远远超出了研制者的预期，爆炸把方圆800米内的沙粒都烧成了翠绿色的玻璃，甚至震碎了200千米外的玻璃窗，这让在场的所有人员感到震惊。美国军方认识到，继续在本土进行核试验，将对美国的环境造成巨大破坏。特别是日本广岛、长崎被炸后的惨状，更让美国人对在国内进行核试验可能带来的后果担心不已。由于今后还要继续进行规模更大、破坏力更强的核试验，于是美国人决定将核试验的危险转嫁到别国。1946年1月，美国原子能委员会经过反复酝酿，最后选定了太平洋上的马绍尔群岛作为新的原子弹试验场。①

由于位于马绍尔群岛西北部的埃内韦塔克环礁和比基尼环礁最为开阔平坦，且居民较少，美国最终将这两个环礁选定为核试验场。比基尼环礁位于马绍尔群岛的北端，由23个小岛组成，环绕着宽24千米、长40千米的潟湖，陆地总面积仅为8.8平方千米，椰林茂密，风光绮丽。1946年，美军工程兵进驻比基尼环

---

① 《美国67次核试验毁了马绍尔群岛》，http：//www.huaxia.com/js/gc/2005/00381514.html。

礁，强行将当地居民迁往 640 千米外的基利岛。随后，250 艘军舰、150 架飞机和 4.2 万人陆续在马绍尔群岛集结，筹备战后第一次在美国本土外的核试验。1946 年 7 月 1 日，美军在比基尼环礁上空引爆第一颗原子弹。7 月 25 日，美军进行水下核试验，一颗原子弹在水下 27 米处被引爆，直径 610 米的巨大水柱冲天而起，爆炸力惊人，摧毁了 11 艘巨型军舰。随后，美军陆续在比基尼环礁进行了 23 次核试验，核试验使岛礁地面上的一切化为乌有，生命绝迹，中央潟湖中的几十亿升海水被蒸发掉。

埃内韦塔克环礁是由 40 个岛屿组成的环状大珊瑚礁，属于拉利克群岛的一部分，位于比基尼环礁以西 305 千米处，陆地总面积约为 5.85 平方千米，其所环绕的中央湖泊长 80 千米。1947 年，美国政府宣布将在埃内韦塔克环礁进行核试验，并将环礁上的 147 名居民疏散到乌杰朗环礁。1948~1958 年，美国在埃内韦塔克环礁进行了 43 次核试验，使该环礁受到严重核污染。1952 年，美国在该环礁进行了世界上首次氢弹试验，被引爆的 82 吨重核装置产生了估计 10.4 兆吨的爆炸当量，几乎相当于投放在长崎的原子弹威力的 500 倍。伊鲁吉拉伯岛被夷为平地，产生了一个宽 1.9 千米、深 50 米的大坑。1976 年，美国国会向国防部核武器局拨款 1100 万美元，用于清理埃内韦塔克环礁的核污染。1980 年，美国宣布核污染已被清除，原被疏散的居民可以回迁。同年，542 名居民从乌杰朗环礁迁回埃内韦塔克环礁。

三 军事基地问题

夸贾林环礁属于拉利克群岛，由 97 个岛礁组成，陆地面积为 16.4 平方千米，其所围拢的潟湖是世界上最大的盐水湖之一。夸贾林环礁包含 3 个主要的有人居住的岛屿：夸贾林岛、埃贝耶岛以及梅贾托岛。夸贾林岛是夸贾林环礁的最大岛屿，位于夸贾林环礁最南端，岛上居民约为 1000 人，大部为美国人，另有少数马绍尔人和其他外国人，他们在夸贾林岛居住需要得到美国军方的明确许可。

第二次世界大战后，夸贾林环礁成为美国海军加油补给站和通信站，1959 年，被美军选为反弹道导弹试验站，成为洲际导弹和潜射巡航导弹的试验场。从此，美军占据了环礁大部分土地，大规模兴建发射场、雷达站、飞机场、军港，夸贾林环礁成为美国在本土之外的最重要的战略核武器试验基地，每年进行洲际导弹试验达 15~25 次。同时，美国耗资 10 亿美元，在夸贾林环礁架设超级雷达，性能无与伦比，可准确追踪 4 万千米内的目标，提高反导弹的命中率。①

四　领土争端问题

马绍尔群岛与美国在威克岛的归属问题上存在争议。20 世纪 90 年代，总统伊马塔·卡布阿声称威克岛归属马绍尔群岛，威克岛在历史上是马绍尔群岛岛民举行传统宗教仪式的场所。威克岛是个面积只有 9 平方千米的弹丸小岛，属于太平洋中部的马里亚纳群岛。由于地处关岛和夏威夷之间，是横渡太平洋航线的中间站，因此，威克岛又有太平洋的"踏脚石"之称。威克岛上原无居民，1568 年一支西班牙探险队首次发现该岛。1796 年，英国船长威廉·威克正式注明此岛，并以他的名字命名该岛。此后该岛

---

① 李原、蒋长瑜：《袖珍国》，上海科学技术出版社，2003，第 214 页。

一度湮没无闻，直到 1841 年美国海军在该岛重新修建设施。1899
年美国政府正式将该岛占为己有。1935 年威克岛划归美国海军管
辖，美军在岛上建立了商用水上飞机基地和旅馆，为泛美航空横
跨太平洋的客机提供服务。二战期间威克岛被日本占领。1962 年
美国在岛上建成了现代化机场并转交内政部管辖，但实际上是由
空军管辖。1964 年，美国在威克岛完成了新的海底电缆的铺设。
该岛还是檀香山和关岛海底电缆的联结点。1972 年，该岛由美国
国防部接管，民事方面授权空军总律师管辖，威克岛驻军司令作
为它的代理人。1974 年，威克岛成为美国导弹试验基地，1975 年
曾接待越南难民。20 世纪 70 年代中期至今，威克岛一直是军用
和民用飞机的紧急降落备用机场，也是美军飞机从檀香山飞往东
京和关岛的加油站。

马绍尔群岛以威克岛在其传统宗教仪式中的重要性为理由，对
该岛提出主权要求。① 根据马绍尔群岛的口述传说，在欧洲人发现
威克岛之前，马绍尔群岛岛民就已经发现了威克岛。根据马绍尔群
岛原始宗教的教义，最高酋长的文身仪式是需要人祭的。被用于活
人祭祀的人若能得到栖息于威克岛的大海鸟的翅骨的话，就可以免
予人祭。因此，马绍尔群岛的一小群岛民为解救活人祭品的生命，
常前往威克岛寻找海鸟的翅骨。同时，马绍尔群岛还利用其法律体
系中用来解决原住民土地纠纷的先占土地使用权，来证明其对威克
岛主权声索的合理性。

---

① 威克岛，http://baike.baidu.com/link? url = o04aaY2JkV2P5uRNyUic3KZozjgQU4lmUlL -
ijRY50FvkOkFoyWlfef0bZ_ fGJ70kGsVlDveKrXksdkSiW5pGpa_ uQ - LkV4maDD f9sgRLIq。

第二节　与澳大利亚、新西兰的关系

在 1986 年正式独立后，马绍尔群岛的独立地位首先得到澳大利亚的承认，随后获得新西兰的承认。二战后，澳大利亚与新西兰在南太平洋地区长期处于主导地位，两国协同维护太平洋岛国的安全与稳定，并在经贸、对太平洋岛国提供援助以及应对岛国政治危机方面展开密切的合作。太平洋岛国长期依赖两国提供的援助，其中澳大利亚一直是太平洋区域的最大援助国。澳大利亚对北太平洋地区的援助集中于马绍尔群岛、密克罗尼西亚联邦以及帕劳三国。在 2015/2016 财年，澳大利亚计划向北太平洋地区提供约 1200 万美元的官方发展援助，其中马绍尔群岛获得约 450 万美元的官方发展援助，这包括约 210 万美元的双边援助以及来自地区援助项目的 240 万美元援助资金。

澳大利亚实施的地区援助项目与其双边援助项目互补性很强，且关系密切。地区援助项目致力于通过太平洋岛国论坛渔业局帮助马绍尔群岛提高渔业管理水平，通过气候与海洋支持项目帮助马绍尔群岛应对和缓解气候变化、海平面上升以及自然灾害所带来的危害，以及通过太平洋岛国公共管理中心、太平洋金融技术援助中心以及太平洋地区审计计划帮助马绍尔群岛改善管理与问责制。澳大利亚对马绍尔群岛实施的双边援助项目则致力于提高马绍尔群岛清洁水的供应水平、改善环境卫生设施、提高教育质量以及促进性别平等。[1]

---

[1] Overview of Australia's aid program to the Republic of the Marshall Islands, http: // dfat. gov. au/geo/republic – of – marshall – islands/development – assistance/Pages/ development – assistance – in – the – republic – of – the – marshall – islands. aspx.

新西兰将自己定位为太平洋岛国，致力于帮助太平洋岛国开发经济潜力以及应对气候变化和自然灾害，因此新西兰将其经济援助主要集中于太平洋岛国。它所制定的《2015～2019年新西兰援助项目战略计划》规定，新西兰的援助项目将在2015～2018年提供10亿美元援助太平洋岛国。它主要通过北太平洋地区开发基金向马绍尔群岛提供中小型援助项目。[①]

第三节 与德国、日本的关系

德国曾在1885～1914年对马绍尔群岛进行殖民统治，它依靠当地的酋长对马绍尔群岛实行间接统治，其关注点集中于获取经济利益，大力鼓励当地的椰干生产与出口。一战爆发后，日本占领马绍尔群岛，并在1921年获得国联授予的对马绍尔群岛的委任统治权。日本对马绍尔群岛实行直接统治，致力于建立鱼类加工业、医疗体系与教育体系，以及扩大椰干产量。在德国与日本统治期间，拉利克群岛的贾卢伊特一直是殖民当局的行政中心。1936年，日本退出国联后，开始在贾卢伊特、夸贾林、沃杰、米利等环礁建立军事基地，为在太平洋的军事行动做准备。日本的军事统治给马绍尔群岛带来了混乱与深重的灾难。

在独立后不久，马绍尔群岛与德国援助密克罗尼西亚地区的组织建立起联系，并接受德国提供的援助。日本也极力推动与新生的马绍尔群岛恢复捕鱼权、技术与文化援助等领域的双边经济联系。

---

① New Zealand Aid Programme Strategic Plan 2015 – 19, https：//www. mfat. govt. nz/assets/_
securedfiles/Aid – Prog – docs/New – Zealand – Aid – Programme – Strategic – Plan – 2015 –
19. pdf.

自 1991 年起，日本每年向马绍尔群岛派遣志愿者，支持马绍尔群岛的经济与社会发展。1997 年，日本在马绍尔群岛设使馆，并派常驻代表。

现在，马绍尔群岛政府将日本视为发展经济的重要伙伴之一。日本每年对马绍尔群岛提供的援助资金达 400 万～500 万美元。2000 年 4 月，马绍尔群岛总统诺特赴日本出席"日本与南太平洋岛国首脑会议"。2014 年 2 月 14 日，日本首相安倍晋三在官邸与来访的马绍尔群岛总统洛亚克举行了会谈。安倍与洛亚克就加强合作以维护基于法律原则的海洋秩序取得了共识。双方同意为使 2015 年在福岛县召开的"日本和太平洋诸岛论坛峰会"取得成功而开展合作。两国领导人还就收殓日本战殁者遗骨的事宜和推进渔业合作达成了一致。安倍在联合记者会上强调"期待日本与太平洋地区的关系获得进展"。洛亚克表示，2014 年是美国在马绍尔群岛的比基尼环礁首次进行氢弹试验 60 周年，他有意于 15 日访问曾遭原子弹轰炸的广岛，"表达对同样因核物质及辐射影响而受苦的广岛、长崎、福岛的人们的支持"。

第四节　与南太地区及其他国际组织的关系

马绍尔群岛共和国支持民族独立，主张保护海洋资源和环境，建立南太平洋无核区，并以积极的姿态参与区域合作。区域合作是马绍尔群岛共和国发展对外关系的主要政策。在获得自治地位后不久，马绍尔群岛即正式加入南太平洋委员会。在此之前，美国政府代表马绍尔群岛参加地区和国际组织。虽然马绍尔群岛的代表定期参加南太平洋委员会的会议，但他们在该组织中并不是很活跃。尽管如此，在有些场合，马绍尔群岛受益于该组织召开的与教育、经济发展、健康医疗以及其他社会公益服务有关的研讨会和培训会议。1982 年，作为获得自治地位的新国家，马绍尔群岛被南太平洋委员会正式授予投票权。

1987 年，经国会批准，马绍尔群岛正式申请加入南太平洋论坛。这一申请很快得到南太平洋论坛的批准，同年，马绍尔群岛派出国际代表团首次参加论坛会议。马绍尔群岛将南太平洋论坛视为比南太平洋经济合作局更为可行的地区合作形式，南太平洋论坛的政治性质使马绍尔群岛能够在国际舞台上发挥更大的影响力。1996 年 9 月，马绍尔群岛在首都马朱罗举办了第 27 届南太平洋论坛会议。10 月，阿马塔·卡布阿总统以南太平洋论坛主席身份出席了"东京南太经济交流中心"成立典礼。在第 51 届联大期间，马外长代表南太平洋论坛和南太 10 个岛国在联大发言，并代表本国政府在全面核禁试条约上签字。同年马绍尔群岛还主办了南太平洋岛国护士培训会议、亚太旅游协会密克罗尼西亚分会成员国会议和南太平洋岛国图书与档案人员会议等。1997 年 8 月，马绍尔群岛主办第十四届太平洋教育会议年会。

随后，马绍尔群岛加入总部位于斐济首都苏瓦的南太平洋经济合作局，合作局为马绍尔群岛的发展提供了巨大的帮助。1988 年，南太平洋经济合作局改称南太平洋论坛秘书处。对马绍尔群岛来说，最重要的是加入太平洋岛国论坛渔业局。太平洋岛国论坛渔业局主要是向其成员提供专业管理咨询和服务，帮助各成员国在渔业资源可持续发展的前提下，最大限度地开发金枪鱼资源，加强金枪鱼资源保护和开发管理，特别是在《中西太平洋地区渔业公约》的框架内，制定各自的发展规划，并向成员国提供国际金枪鱼市场信息、开发项目的经济评估、管理入渔证配额并办理相关事项、协调有效执行有关公约和其他安排、提供法律服务等。① 经过与美国政府四年的谈判，太平洋岛国论坛渔业局与美国在 20 世纪 80 年代中期达成入渔协议，该协议允许美国围网渔船进入渔业局成员国专属经济区捕鱼。美国则需每年向渔业局支付大量的捕鱼费，渔业局则会将所获资金分配给成员国，这成为马绍尔群岛的一项重要外汇收入。

同时，马绍尔群岛积极加入其他各种国际组织，开展平等互利的友好合作，以期带动和促进本国经济的发展。马绍尔群岛共和国参与的国际组织主要有：小岛屿国家联盟、裁军谈判会议、77 国集团、美洲开发银行、国际原子能机构、世界银行、国际民航组织、国际开发协会、国际农业发展基金、国际金融公司、国际劳工组织、国际货币基金组织、国际海事组织、国际刑警组织、国际奥委会、国际移民组织、国际电信联盟、多边投资担保机构、不结盟运动、美洲国家组织、拉美禁核组织、禁止化学武器组织、委内瑞拉能源协定、中美洲一体化体系、联合国贸发会议、联合国教科文组织、联合国工业发展组织、万国邮政联盟、世界卫生组织、世界知识产权组织、世界气象组织、世界贸易组织等。

第五节　与中国的关系

目前马绍尔群岛共和国与中华人民共和国处于断交状态。两国

---

① 太平洋岛国论坛渔业局，http：//baike. baidu. com/link？url ＝ R1Ps ＿ 93YgBDpIUOllBSnwhStcGS6sosPcmPyQPH3N － z7KRokMrMzE － dYikDKgi1vAWGRRg 7dLqNOPh6buRaR3a。

曾于 1990 年 11 月 16 日建交。1991 年 2 月,中国在马绍尔群岛共和国设立大使馆,并于 7 月派驻大使。1992 年 2 月 18 日,马绍尔群岛驻中国大使馆在北京正式开馆。

建交后,两国高层互动频繁。马绍尔群岛总统阿马塔·卡布阿曾于 1991 年 3 月、1992 年 5 月和 1995 年 4 月三次访问中国。马绍尔群岛议长诺特也曾在 1991 年 10 月、1995 年 11 月和 1999 年 7 月三次访华。中国人大常委会副委员长彭冲、国务委员兼国务院秘书长罗干、中国人大常委会副委员长王汉斌先后于 1992 年 7 月、1993 年 8 月、1996 年 10 月访问马绍尔群岛。

在建交期间,两国在教育、司法和人文交流等领域也展开了密切的合作。1991 年 10 月 10 日,中国国家教育委员会与马绍尔群岛教育部在北京签署关于教育合作的备忘录。1992 年 5 月 17 日,两国政府在北京签署民用航空运输协定。1994 年 10 月,马绍尔群岛司法部长勒克纳·阿伯纳一行 5 人来华访问,国务委员兼国务院秘书长罗干会见了阿伯纳一行。公安部白景富副部长和阿伯纳部长分别代表中国公安部和马绍尔群岛司法部签署了《中华人民共和国公安部与马绍尔群岛共和国司法部执法合作协议》。1996 年 9 月,在马朱罗参加第 27 届南太平洋论坛会议的中国外交部副部长李肇星会见了卡布阿总统,并代表中国政府与马政府正式签署了"中马贸易协定"。会议期间,中国派杂技小组赴马进行了访问演出。

但在中国台湾当局"银弹外交"的攻击下,中马关系于 1998 年发生逆转。马绍尔群岛于同年 11 月 20 日与中国台湾签署"建交"公报,与台湾建立了所谓的"邦交关系"。12 月 11 日,中国宣布终止与马绍尔群岛共和国的外交关系,撤回大使并撤馆。

此后,中国与马绍尔群岛一直处于断交的状态。但是,中马之间的经贸与人文交流并未因此而中断。2000年，马绍尔群岛与中国的贸易总额为187.6万美元，其中中方出口114.4万美元。2000年，马绍尔群岛有2名学生在华留学。2008年，马绍尔群岛派体育代表团参加北京奥运会。2010年，马绍尔群岛与其他太平洋岛国以太平洋联合馆的形式参加上海世博会。2011年，中马双边贸易额已升至22.0654亿美元，同比增长13.1%，其中中方出口额为21.90亿美元，同比增长12.5%，进口额为1654万美元，同比增长215.6%。

早在20世纪80年代初，马绍尔群岛就已经与中国台湾当局达成了一系列援助协定。1981年，台湾在马朱罗成立合资企业，培训马绍尔农业技术人员，并试验种植西方蔬菜，以满足马绍尔群岛国内消费和出口。台湾农业贸易团向该企业派遣了6名农业专家，以协助这一农业项目的实施。此后，台湾农业技术团帮助马绍尔群岛培训农业技术人才，推行引种与推广作业，并实施家庭园圃计划等农业援助项目。台湾也不断加大对马绍尔群岛的援助，截至2011年，中国台湾地区每年向马提供财政援助1000万美元，成为马第二大援助来源地区。

大事纪年

公元前 2000 年至公元前 500 年	第一批密克罗尼西亚的航海家来到马绍尔群岛。
1788 年	"斯卡马勒"号英国船长约翰·马绍尔发现了现在以他的名字命名的群岛——马绍尔群岛。
1874 年	西班牙宣布马绍尔群岛归其所有。
1885 年	德国宣布马绍尔群岛为其保护地。
1886 年	教皇利奥十三世发布教皇敕谕，承认西班牙对马绍尔群岛的主权，同时给予德国在马绍尔群岛的贸易权。
1917 年	国际联盟授予日本前德属殖民地密克罗尼西亚"C"级托管权，马绍尔群岛沦为日本的殖民地。
1943 年	吉尔伯特群岛战役。
1944 年	马绍尔群岛战役。

1947 年	联合国委托美国管理太平洋岛屿托管地，马绍尔群岛成为美国的托管地。
1952 年 11 月 1 日	世界上第一颗氢弹"迈克"在埃内韦塔克环礁爆炸。
1979 年	马绍尔群岛制定了该国第一部宪法，并组建了第一届民选政府。
1983 年 6 月 25 日	马绍尔群岛与美国正式签订为期15 年的《自由联系条约》。
1986 年	美国国会通过《自由联系条约》，该条约正式生效。
1986 年 10 月 21 日	马绍尔群岛共和国成为享有内政外交自主权的国家。
1990 年 11 月 16 日	马绍尔群岛同中华人民共和国正式建立外交关系。
1990 年 12 月 22 日	联合国安理会召开正式会议，通过了终止部分太平洋托管领土托管协定的决议，正式结束马绍尔群岛共和国的托管地位。
1991 年 9 月 17 日	马绍尔群岛共和国成为联合国正式会员国。
1992 年 2 月	马绍尔群岛共和国在中国设大使馆，并派常驻大使。
1998 年 11 月 20 日	马绍尔群岛共和国与中国台湾建立所谓的"邦交关系"。

1998 年 12 月 11 日	中国宣布终止与马绍尔群岛共和国的外交关系，撤回大使并撤馆。
1996 年 9 月	马绍尔群岛在首都马朱罗举办了第 27 届南太平洋论坛会议。
2003 年 12 月	美国总统乔治·布什签署了新《自由联系条约》，新《自由联系条约》正式生效。
2004 年 12 月	亚洲开发银行批准了在马绍尔群岛共和国进行改进教育所有制和有效需求的试点。
2006 年	国际海事组织授予马绍尔群岛最负责的船旗国称号。
2008 年	马绍尔群岛第一次参加奥运会，即 2008 年北京奥运会。
2012 年 1 月 3 日	克里斯托弗·洛亚克当选为该国总统。
2013 年 9 月 3 ~ 6 日	太平洋岛国论坛在马绍尔群岛首都马朱罗举行，论坛会后发表了《马朱罗宣言》。
2015 年 11 月 16 日	马绍尔群岛举行国会选举。
2016 年 1 月 27 日	希尔达·凯茜·海涅当选为总统，成为马绍尔群岛第一位女总统。

参考文献

一　中文资料

〔苏〕基·弗·马拉霍夫斯基：《最后的托管地》，史瑞祥译，商务印书馆，1980。

〔苏〕托卡列夫、〔苏〕托尔斯托夫：《澳大利亚和大洋洲各族人民》，李毅夫等译，三联书店，1980。

〔英〕弗雷泽：《永生的信仰和对死者的崇拜》，李新萍等译，中国文联出版社，1992。

《世界各国国旗国徽国歌纵览》编写组编《世界各国国旗国徽国歌纵览》，中国民族摄影艺术出版社，2008。

《世界主要国家和地区渔业概况》编写组编《世界主要国家和地区渔业概况》，海洋出版社，2012。

蔡百铨：《南岛民族与国家：台湾篇·太平洋篇》，前卫出版社，2010。

传奇翰墨编委会：《私藏七大洲：奇趣澳洲·南极洲》，北京理工大学出版社，2011。

韩焘：《世界地理读这本就够了》，中国商业出版社，2012。

黄长著：《各国语言手册》，重庆出版社，2000。

李梵：《美洲、大洋洲人文风情》，陕西师范大学出版社，2008。

李原、蒋长瑜：《袖珍国》，上海科学技术出版社，2003。

林晓平：《中国历史知识全书·灿烂文化：中国人崇拜祖先的传统》，北京科学技术出版社，2006。

刘樊德：《大洋洲国家与台湾的关系》，卢晓衡主编《中国对外关系中的台湾问题》，经济管理出版社，2002。

刘建伟、王守德：《马绍尔群岛共和国渔业考察》，《齐鲁渔业》1994年第11卷第4期。

吕桂霞：《斐济》，社会科学文献出版社，2015。

彭朝：《南太平洋地区环境问题及岛国环境外交——兼论中国回应》，华中师范大学硕士学位论文，2012。

世界知识出版社编《世界知识年鉴2012/2013》，世界知识出版社，2013。

孙谦、韩大元：《地方制度：世界各国宪法的规定》，中国检察出版社，2013。

孙谦、韩大元：《司法机构与司法制度：世界各国宪法的规定》，中国检察出版社，2013。

王晓凌：《南太平洋文学初探》，《江淮论坛》2005年第2期。

王晓凌：《南太平洋文学史》，安徽大学出版社，2006。

王晓民：《世界各国议会全书》，世界知识出版社，2001。

魏小安、陈青光、魏诗华：《中国海洋旅游发展》，中国经济出版社，2013。

新邦：《以海鲜作为号召的旅游胜地——马绍尔群岛》，《食品与生活》1997年第4期。

徐海准、陈永主:《外国民族音乐》, 华中师范大学出版社, 2012。

张定亚:《简明中外民俗词典》, 陕西人民出版社, 1992。

二 外文资料

Benis, M. Frank and Henry I. Shaw, Jr. , *History of U. S. Marine Corps Operations in World War II* , Vol. 5 ; *Victory and Occupation*, New York, NY: Penguin Books, 1990.

David Kupferman, The Republic of the Marshall Islands since 1990, *The Journal of Pacific History*, Vol. 46, No. 1, June 2011.

David Stanley, *Micronesia Handbook – Guide to the Caroline, Gilbert, Mariana and Marshall Islands*, Moon Publication Inc. , 1992.

Dvorak, Gregory, *Remapping Home: Touring the Betweenness of Kwajalein*, M. A. , Pacific Islands Studies, University of Hawai'i at Manoa, Honolulu, 2004.

Hezel, Francis X, *Strangers in Their Own Land: A Century of Colonial Rule in the Caroline and Marshall Islands*, University of Hawaii Press, 1995.

Hezel, Francis X, *The First Taint of Civilization : A History of the Caroline and Marshall Islands in Pre-colonial Days, 1521 – 1885*, University of Hawaii Press, 1983.

Holly M. Barker, *Collisions of History and Language: Nuclear Weapons Testing, Human Environmental Rights Abuses and Cover – Up in the Republic of Marshall Islands*, pp. 13 – 18.

James Raymond Hess, *Institutions of Change: Development and migration in the political economy of Marshall Islands*, Doctor of

Philosophy Dissertation.

Julianne M. Walsh, *Imagining the Marshallese*, http：// www. anthropology. hawaii. edu/people/Alumni/pdfs/2003 - walsh. pdf.

Juumemmej - Republic of the Marshall Islands Social and Economic Report 2005, http：//www. adb. org/sites/default/files/publication/ 28756/juumemmej. pdf.

Leonard Mason, *Republic of Marshall Islands*, http：//scholarspace. manoa. hawaii. edu/bitstream/10125/22414/1/DU% 20710. M376% 201988. pdf.

Marshall Islands National Olympic Committee, http：//www. sportingpulse. com/get_ file. cgi？ id = 125487.

Marshall Islands：Recent Economic Developments, International Monetary Fund, Washington, D. C. , 1998, No. 98/85.

Morison, Samuel Eliot, *History of United States Naval Operations in World War Ⅱ* , Vol. 7；*Aleutians, Gilberts and Marshalls：June 1942 - April 1944*, Edison, NJ：Castle Books, 2001.

Republic of Marshall Islands Meto2000, http：//marshall. csu. edu. au/Marshalls/html/ADB/ADB_ Meto2000. pdf.

Republic of Marshall Islands-a situation analysis of children, youth and women, http：//www. unicef. org/pacificislands/RMI _ SITAN. pdf.

Republic of the Marshall Islands - National Report, http：// www. sids2014. org/content/documents/216Marshall % 20Is% 20SIDSRe port_ endorsed - Final% 20May% 2012% 202013. pdf.

The Republic of the Marshall Islands - Education for All Mid - Decade

Assessment，http：//unesdoc. unesco. org/images/0022/002217/221791 e. pdf.

三　相关网站

马绍尔群岛奥委会：http：//www. olympic. org/marshall – islands

马绍尔群岛导航：http：//www. infomarshallislands. com/

马绍尔群岛文化：http：//www. everyculture. com/Ma – Ni/ Marshall – Islands. html

《马绍尔群岛周刊》：http：//www. marshallislandsjournal. com/

马绍尔群岛驻美国大使馆：http：//www. rmiembassyus. org/

马绍尔总统办公室：http：//www. rmi – op. net/

马朱罗在线：http：//majuromok. tripod. com/id17. html

美国中央情报局网站：https：//www. cia. gov/library/ publications/resources/the – world – factbook/geos/rm. html

数字密克罗尼西亚：http：//marshall. csu. edu. au/Marshalls/ index. html

太平洋岛国论坛：http：//www. forumsec. org/

亚洲开发银行：http：//www. adb. org/countries/marshall – islands/economy

索　引

新版《列国志》总书目

亚洲

阿富汗
阿拉伯联合酋长国
阿曼
阿塞拜疆
巴基斯坦
巴勒斯坦
巴林
不丹
朝鲜
东帝汶
菲律宾
格鲁吉亚
哈萨克斯坦
韩国
吉尔吉斯斯坦
柬埔寨
卡塔尔
科威特
老挝
黎巴嫩
马尔代夫

马来西亚
蒙古
孟加拉国
缅甸
尼泊尔
日本
塞浦路斯
沙特阿拉伯
斯里兰卡
塔吉克斯坦
泰国
土耳其
土库曼斯坦
文莱
乌兹别克斯坦
新加坡
叙利亚
亚美尼亚
也门
伊拉克
伊朗
以色列
印度
印度尼西亚
约旦

越南

非洲

阿尔及利亚

埃及

埃塞俄比亚

安哥拉

贝宁

博茨瓦纳

布基纳法索

布隆迪

赤道几内亚

多哥

厄立特里亚

佛得角

冈比亚

刚果共和国

刚果民主共和国

吉布提

几内亚

几内亚比绍

加纳

加蓬

津巴布韦

喀麦隆

科摩罗

科特迪瓦

肯尼亚

莱索托

利比里亚

利比亚

卢旺达

马达加斯加

马拉维

马里

毛里求斯

毛里塔尼亚

摩洛哥

莫桑比克

纳米比亚

南非

南苏丹

尼日尔

尼日利亚

塞拉利昂

塞内加尔

塞舌尔

圣多美和普林西比

斯威士兰

苏丹

索马里

坦桑尼亚

突尼斯

乌干达

西撒哈拉

赞比亚

乍得

中非

欧洲

阿尔巴尼亚

爱尔兰

爱沙尼亚

安道尔

奥地利

白俄罗斯

保加利亚

比利时

冰岛

波黑

波兰

丹麦

德国

俄罗斯

法国

梵蒂冈

芬兰

荷兰

黑山

捷克

克罗地亚

拉脱维亚

立陶宛

列支敦士登

卢森堡

罗马尼亚

马耳他

马其顿

摩尔多瓦

摩纳哥

挪威

葡萄牙

瑞典

瑞士

塞尔维亚

圣马力诺

斯洛伐克

斯洛文尼亚

乌克兰

西班牙

希腊

匈牙利

意大利

英国

美洲

阿根廷

安提瓜和巴布达

巴巴多斯

巴哈马

巴拉圭

巴拿马

巴西

玻利维亚

伯利兹

多米尼加

多米尼克

厄瓜多尔

哥伦比亚

哥斯达黎加

格林纳达

古巴

圭亚那

海地

洪都拉斯

加拿大

美国

秘鲁

墨西哥

尼加拉瓜

萨尔瓦多

圣基茨和尼维斯

圣卢西亚

圣文森特和格林纳丁斯

苏里南

特立尼达和多巴哥

危地马拉

委内瑞拉

乌拉圭

牙买加

智利

大洋洲

澳大利亚

巴布亚新几内亚

斐济

基里巴斯

库克群岛

马绍尔群岛

密克罗尼西亚

瑙鲁

纽埃

帕劳

萨摩亚

所罗门群岛

汤加

图瓦卢

瓦努阿图

新西兰

GUIDE to the WORLD 列国志 数据库
NATIONS DATABASE
国别国际问题研究资讯平台

全部数据库 ▼ | 　　　　　　　　　　　　　　 | 检索 | 高级检索 对比检索

全部　图书　文章　文献资料　知识点　图表　图片　音频　视频

热词推荐｜韩国　自然资源　对外贸易　美国　外交关系　欧洲　经济　晨海

当代世界发展问题研究的权威基础资料库和学术研究成果库

国别国际问题研究资讯平台

列国志数据库 www.lieguozhi.com

　　列国志数据库是以"十二五"国家重点图书出版规划项目、中国社会科学院创新工程学术出版资助项目《列国志》丛书为基础，全面整合国别国际问题核心研究资源、研究机构、学术动态、文献综述、时政评论以及档案资料汇编等构建而成的数字产品，是目前国内唯一的国别国际类学术研究必备专业数据库、首要研究支持平台、权威知识服务平台和前沿原创学术成果推广平台。

　　从国别研究和国际问题研究角度出发，列国志数据库包括国家库、国际组织库、世界专题库和特色专题库4大系列，共175个子库。除了图书篇章资源和集刊论文资源外，列国志数据库还包括知识点、文献资料、图片、图表、音视频和新闻资讯等资源类型。特别设计的大事纪年以时间轴的方式呈现某一国家发展的历史脉络，聚焦该国特定时间特定领域的大事。

　　列国志数据库支持全文检索、高级检索、专业检索和对比检索，可将检索结果按照资源类型、学科、地区、年代、作者等条件自动分组，实现进一步筛选和排序，快速定位到所需的文献。

　　列国志数据库应用范围广泛，既是学习研究的基础资料库，又是专家学者成果发布平台，其搭建学术交流圈，方便学者学术交流，促进学术繁荣；为各级政府部门国际事务决策提供理论基础、研究报告和资讯参考；是我国外交外事工作者、国际经贸企业及日渐增多的广大出国公民和旅游者接轨国际必备的桥梁和工具。

数据库体验卡服务指南

※100元数据库体验卡目前只能在列国志数据库中充值和使用。

　　充值卡使用说明：

　　第1步 刮开附赠充值卡的涂层；

　　第2步 登录列国志数据库网站（www.lieguozhi.com），注册账号；

　　第3步 登录并进入"会员中心"→"在线充值"→"充值卡充值"，充值成功后即可使用。

声明

　　最终解释权归社会科学文献出版社所有。

　　数据库服务热线：400-008-6695

　　数据库服务QQ：2475522410

　　数据库服务邮箱：database@ssap.cn

　　欢迎登录社会科学文献出版社官网（www.ssap.com.cn）

　　和列国志数据库（www.lieguozhi.com）了解更多信息

图书在版编目（CIP）数据

马绍尔群岛 / 刘丽坤，李静编著. -- 北京：社会
科学文献出版社，2016.8（2017.9 重印）
（列国志：新版）
ISBN 978 - 7 - 5097 - 9289 - 6

Ⅰ.①马…　Ⅱ.①刘…②李…　Ⅲ.①马绍尔群岛共
和国 - 概况　Ⅳ.①K965.3

中国版本图书馆 CIP 数据核字（2016）第 125045 号

·列国志（新版）·

马绍尔群岛（Marshall Islands）

编　　著／刘丽坤　李　静

出 版 人／谢寿光
项目统筹／张晓莉
责任编辑／叶　娟

出　　版／社会科学文献出版社·列国志出版中心（010）59367200
　　　　　　地址：北京市北三环中路甲 29 号院华龙大厦　邮编：100029
　　　　　　网址：www.ssap.com.cn
发　　行／市场营销中心（010）59367081　59367018
印　　装／三河市尚艺印装有限公司

规　　格／开本：787mm×1092mm　1/16
　　　　　　印张：16.75　插页：0.75　字数：196 千字
版　　次／2016 年 8 月第 1 版　2017 年 9 月第 2 次印刷
书　　号／ISBN 978 - 7 - 5097 - 9289 - 6
定　　价／59.00 元

本书如有印装质量问题，请与读者服务中心（010 - 59367028）联系